Was der Angler wissen muss

300 ANGELBEGRIFFE
AUF EINEN BLICK

MARKUS BÖTEFÜR

KOSMOS

FACHCHINESISCH UND ANGLERLATEIN

Was haben Kletteraffen mit dem Appetit von Fischen zu tun? Wird eine Bologneserute mit roter Soße serviert? Warum ist der Bananenwobbler krumm? Kann man Barschberge besteigen? Sind Angsthaken etwas für Feiglinge? Muss man Entnahmefenster putzen? Fragen über Fragen ...

Wer seinen druckfrischen Fischereischein in der Tasche hat, der darf sich zwar mit stolzgeschwellter Brust Angler nennen, merkt aber recht schnell, dass ihm im Vorbereitungskurs zur Sportfischerprüfung nur ein dünnes Grundwissen vermittelt wurde. Spätestens bei einem Blick in Fachzeitschriften oder im Gespräch mit erfahrenen Anglern wird ihm klar, aus dem Anglerlatein von anno dazumal ist ein mit englischen Begriffen vollgestopftes Fachchinesisch geworden.

Auf den folgenden Seiten möchte ich Ihnen die wichtigsten Begriffe kurz und prägnant erklären, damit auch Einsteiger schnell Freude am neuen Hobby finden und nicht verloren im Angelrutenwald stehen.

Petri Heil

Markus Bötefür

A

AAL

nachtaktiver → Raubfisch, der in fast allen Gewässern vorkommt. Ihr schlangenförmiger Körper macht Aale unverwechselbar. Kleinere Aale sind gelb bzw. hellbraun gefärbt, größere Fische sind schwarz mit weißem Bauch.
Aale laichen nur einmal im Leben. Zu ihrer Laichwanderung ziehen sie vom Süß- ins Salzwasser, überqueren den Atlantik und paaren sich im Golf von Mexiko, wo sie dann auch sterben. Aale sind im Durchschnitt 40 bis 50 Zentimeter lang, kapitale Exemplare werden über einen Meter lang und drei Kilo schwer. Beste Angelzeit ist von Mai bis September. Tagsüber halten die Fische sich gern in Verstecken auf. In Seen sind dies Seerosenfelder, umgestürzte Bäume, Bacheinmündungen oder Steganlagen, in Flüssen und Kanälen die tiefen Fahrrinnen. Hier sollte man bei Anbruch der Dunkelheit mit → Wurmködern oder kleinen → Köderfischen angeln. Das Gerät darf dabei recht robust aus-fallen, denn Aale sind nicht scheu: 30er bis 40er → monofile Schnüre sowie Haken der Größe 1 bis 5.

Aale sind unverwechselbare Fische. Leider ist ihr Bestand heute stark gefährdet.

Ein Karpfen (Schuppenkarpfen) auf einer Abhakmatte

INFO
Seit der Jahrtausendwende schwindet der Aalbestand in Europa, sodass Länder wie Irland und Norwegen den Aalfang gänzlich verboten haben. Ob man die Fische in Deutschland noch beangeln sollte, muss jeder Angler selbst entscheiden.

AALGLÖCKCHEN
ein akustischer → Bissanzeiger, der an der Rutenspitze (oft mittels einer Klemme) angebracht wird und bei einem Biss einen Klingelton abgibt. Aalglöckchen funktionieren nur bei geschlossenem Schnurfangbügel der → Rolle und am besten, wenn die Rute in einem → Rutenhalter vertikal aufgerichtet ist und ein direkter Schnurkontakt zum Köder besteht.

ABHAKMATTE
gepolsterte (zuweilen aufblasbare) Unterlegmatte aus weichem Kunststoff, die mit Wasser befeuchtet wird und auf die gefangene Großfische (meist → Karpfen und → Welse) gelegt werden, damit man sie schonend vom Haken befreien kann. Durch die Abhakmatte wird die Schleimschicht der Fische vor Verletzungen geschützt. Überall dort, wo von steinigen Ufern aus gefischt wird, sollte man Abhakmatten verwenden.

ABRIEBFESTIGKEIT
die Stabilität bzw. Widerstandsfähigkeit der Schnur gegen Beschädigungen durch Steine, Zähne von → Raubfischen (außer denen des → Hechtes!) und andere scharfer Gegenstände. → Monofile Schnur ist gewöhnlich abriebfester als → geflochtene Schnur.

Äschen werden meist beim Fliegenfischen gefangen.

ÄSCHE
eine zu den → Salmoniden zählende Fischart, nach der eine Fließwasserregion (Äschenregion) benannt ist. Die schlanken und silberfarbenen Fische tragen eine fahnenartige Rückenflosse als individuelles Erkennungsmerkmal. Kleine Äschen werden häufig beim → Fliegenfischen gefangen, kapitale Exemplare beißen auch auf → Spinnköder. Beste Angelzeit sind Herbst und Winter. Äschen werden bis zu 60 Zentimeter lang und drei Kilo schwer. Sie zählen zu den besten Speisefischen.

A.F.T.M. (AFTMA)
Abkürzung für Associated Fishing Tackle Manufactures (Organisation Amerikanischer Angelgerätehersteller). International bedeutsam ist die von der A.F.T.M. vorgenommene Klassifizierung von → Fliegenschnüren (AFTMA-Klassen). Diese Klassifizierung reicht von 0-2 bis 13-16, wobei mit der niedrigsten Klasse auf nur wenige Gramm leichte Fischchen und mit der schwersten auf kapitale Meeresfische geangelt wird. An Forellenbächen kommen gewöhnlich die AFTMA-Klassen 5-6 zum Einsatz.

AKTION (RUTEN)
das Biegeverhalten einer Angelrute. Man unterscheidet grundsätzlich drei Aktionseigenschaften: Spitzenaktion (es biegt sich unter Belastung allein das obere Fünftel der Rute), semiparabolische Aktion (Rute biegt sich bis zur Mitte) sowie parabolische Aktion (Rute, die sich fast vollständig biegt). Die drei Aktionen werden häufig auch hart, mittel und weich genannt, wobei aber auch Ruten mit parabolischer Aktion durchaus zum Fang von Großfischen geeignet sind und besonders beim → Big Game Fishing zum Einsatz kommen.

AKTION (SPINNKÖDER)

Man bezeichnet die Laufeigenschaften eines → Spinnköders (→ Spinner, → Blinker, → Wobbler, → Twister, → Shads etc.) als Aktion. Während Spinner auch bei langsamer Führung eine recht lebhafte (also schnelle) Aktion aufweisen, können Twister und Shads sehr langsam geführt werden, sodass man bei ihnen von einer langsamen bzw. trägen Aktion spricht. Manche Shads werden von ihren Herstellern bereits so bezeichnet (→ No Action Shads).

ALAND

ein leicht mit dem → Rotauge zu verwechselnder → Weißfisch, der in größeren Flüssen des Tieflandes lebt und nicht explizit zu den → Friedfischen zählt, denn große Alande leben auch räuberisch. Alande werden bis fünf Kilo schwer und können über 70 Zentimeter Körperlänge erreichen.

ANFÜTTERN

Als Anfüttern bezeichnet man das Einbringen von Futter oder Lockstoffen ins Gewässer. Zum Anlocken und gezielten Fangen von → Friedfischen ist das Anfüttern sehr wichtig und gilt vielen Anglern als unerlässlich. Zumeist wird mit einer Basismasse aus feuchtem Paniermehl, angereichert mit pulverförmigen oder flüssigen Aromastoffen (→ Flavours), angefüttert. Dieses Futter wird als → Grundfutter bezeichnet.

ANGELDRUCK

auch Überfischung genannt. Wenn zu viele Angler über einen längeren Zeitraum ein Gewässer befischen, spricht man von Angeldruck, der die Fische scheu macht und zu schlechteren Fangergebnissen führt. Ob Angeldruck herrscht, wird von Angler zu Angler unterschiedlich definiert.

Im Drill mit einem Hecht muss eine Spinnrute ihre Aktion unter Beweis stellen.

ANHIEB (ANSCHLAG)

ein aus dem Handgelenk geführter Rückschlag mit der Angelrute, um den Haken ins Fischmaul einzutreiben. Je nach → Zielfischart und Angelmethode muss der Anhieb bei einem Biss mehr oder weniger rasch gesetzt werden.

ANGSTHAKEN

ein an einem kurzen → Stahlvorfach montierter → Drilling, der als Zusatzhaken beim → Spinnfischen mit → Shads (Gummifischen) verwendet wird und → Fehlbisse vermeiden soll.

ANSITZANGELN

alle Formen der Angelei, bei denen der Angler an einer Stelle, vom Ufer oder verankerten Boot aus einen natürlichen Köder präsentiert und auf den Biss eines Fisches wartet. Zu den Methoden des Ansitzangelns zählen das → Stippen, → Boilie- und → Grundangeln. → Spinn-, → Fliegen- und → Schleppangeln sind hingegen Formen des aktiven Angelns.

ANTI-DRALL-PLÄTTCHEN

meist durchsichtiges Kunststoffplättchen, das direkt vor einen → Spinner montiert wird, um ein Verdrallen der → Hauptschnur durch das lebhafte Spiel des Spinners zu verhindern.

ANTI-TANGLE-RÖHRCHEN (BOOM)

dünnes Metall- oder Plastikröhrchen zum Aufziehen auf die → Hauptschnur mit daran befestigtem → Karabiner, in den ein → Birnenblei oder ein → Futterkörbchen eingehängt wird. Booms sollen ein Verheddern der → Montage beim Wurf verhindern (englisch: tangle = verheddern bzw. Boom = Kran-, Mastausleger).

Ein mit einem Angsthaken versehener Shad

Anti-Tangle-Röhrchen mit eingehängtem Futterkörbchen

Ein Hecht steigt im Drill aus.

ARTENSCHONZEIT

eine zeitlich begrenzte → Schonzeit für einzelne Fischarten. In den deutschen Bundesländern gelten unterschiedliche Schonzeiten für die jeweiligen Fischarten. → Hechte sind z. B. in Nordrhein-Westfalen vom 15.2. bis zum 30.04 und in Brandenburg vom 01.01. bis 31.03. geschont.

AUSSTEIGER

wenn ein Fisch während des → Drills vom Haken abkommt, spricht man von einem Aussteiger. Aussteiger lassen sich vermeiden, wenn man einen heftigen Anhieb setzt und den Drill nicht zu hart forciert.

AUTOMATIKROLLE

eine → Rolle zum → Fliegenfischen, bei der sich die Schnur durch einen Knopfdruck selbstständig aufwickelt. Zwar werden Automatikrollen heute noch gebaut, sind aber nicht sonderlich beliebt.

AVON-SCHWIMMER

Eine nach dem englischen Fluss Avon benannter → Schwimmer (Pose), die auch in stärkerer Strömung noch gerade steht. Oft sind Avon-Schwimmer durchsichtig und nur ihre Spitzen sind rot oder orange lackiert.

B

BACHFORELLE

eine meist in fließendem, klaren, kühlen und sauberem Wasser lebende Forellenart. Besondere Kennzeichen: schlanker, länglicher Körper mit bräunlich-gelber Grundfärbung. Häufig rote Punkte auf den Flanken, daher auch der Beiname „Rotgetupfte". Bachforellen sind Winterlaicher, weshalb ihnen eine lange Schonzeit von Oktober bis März eingeräumt wird. Im Durchschnitt sind sie 25 bis 30 cm lang, kapitale Exemplare erreichen eine Körperlänge von bis zu einem Meter und werden elf Kilo schwer. Bachforellen beißen das ganze Jahr hindurch. In Bächen findet man sie häufig in Gumpen. Die meisten Fische werden beim → Fliegenfischen gefangen, sie können aber auch mit → Spinn- und → Wurmködern befischt werden.

Die roten Tupfer unterscheiden Bachforellen von anderen Forellenarten.

Barben sind typische Bewohner der Flüsse und in geschlossenen Seen nicht anzutreffen.

BACKING

Rückschnur bzw. Nachschnur. Die Leine, die sich hinter der → Fliegenschnur auf der → Rolle befindet. Das Backing besteht zumeist aus → monofiler Schnur und dient als Schnurreserve beim → Drill kapitaler Fische.

BAITCASTERROLLE

eine kleinere → Multirolle, die zum Spinnfischen eingesetzt wird. Baitcasterrollen sind für unerfahrene Angler sehr gewöhnungsbedürftig, da es bei unsachgemäßer Handhabung sehr häufig zu unlösbaren → Schnurperücken kommt.

BANANENWOBBLER

→ Schaufellose Wobbler in Form einer Banane. Bananenwobbler werden wie → Popper geführt und laufen recht lebhaft, weshalb sie in der wärmeren Jahreszeit gute Köder sind, weil die → Raubfische dann → Kunstködern mit aggressiveren Laufeigenschaften den Vorzug geben.

BARBE

zu den → Cypriniden gehörige Fischart, die wie → Döbel, → Aland und → Rapfen weder zu den reinen → Fried- noch → Raubfischen gezählt werden kann. Barben lieben rasch fließendes Wasser und halten sich gern in der Hauptströmung von Flüssen auf. Ihr länglicher und torpedoförmiger Körper ist mit einem goldenen Schuppenkleid bedeckt und erinnert an einen Raubfisch. Das Maul ist mit vier kurzen Barteln versehen und weist Barben als Verwandte der Karpfen aus. Man fängt sie (beste Angelzeit ist der Sommer) mit fast allen Natur- und → Kunstködern. Im Schnitt sind Barben 30 Zentimeter lang, kapitale Exemplare erreichen eine Länge von einem Meter und ein Gewicht von zehn Kilogramm.

Barsche werden häufig beim Spinnfischen gefangen. Dieser biss auf einen Wobbler.

BARSCH

Kleine Barsche stürzen sich auf alle fleischlichen Köder; große Barsche sind reine → Raubfische und begehrte → Zielfische für Spezialisten. Besondere Kennzeichen: grüne Färbung mit schwarzen Querstreifen. Zwei Rückenflossen, wobei die vordere mit kräftigen und spitzen Stacheln besetzt ist. Die Bauchflossen sind leuchtend rot. Im Durchschnitt sind Barsche 15 bis 20 Zentimeter lang, kapitale Exemplare werden bis 60 Zentimeter lang und drei Kilogramm schwer. Barsche bevölkern alle Gewässertypen. Man findet sie sowohl in kleinen Bächen als auch im Brackwasser der Ostsee. In Seen bevorzugen sie die tiefen Stellen mit sandigem und kiesigem Untergrund, suchen aber auch gern Stege und Bootsanleger auf. In Kanälen sind Spundwände gute Barschplätze.

Gezieltes Barschangeln bedeutet meist, dass man die Fische suchen muss; daher zählt der Barsch auch zur Hauptbeute beim → Spinnangeln. Die Fische lassen sich mit leichter Spinnausrüstung sehr gut beangeln. Eine 20er monofile Schnur ist dabei völlig ausreichend. Gute Spinnköder sind → Twister, → Blinker, → Spinner und → Wobbler. Als Naturköder eignen sich → Würmer, → Maden und → kleine Köderfische.

EXTRA-TIPP

Barsche sind sehr neugierig. Man muss also nicht befürchten, dass man sie durch das Ausprobieren vieler verschiedener Spinnköder verscheucht. Oft beißen sie erst auf den zweiten oder dritten angebotenen Köder.

BARSCHBERG
bis dicht unter die Wasseroberfläche reichende Erhebungen des Seegrundes im ansonsten tiefen Freiwasser. Barschberge zählen zu den besten Angelplätzen in Seen und Talsperren.

BEIFÄNGER
Zusatzköder (meist → Gummiköder) beim Angeln mit → Pilkern. Beifänger werden an einem → Seitenarm kurz über dem Pilker angeboten.

BEISSZEIT
die Tageszeit, zu der die Fische erfahrungsgemäß gut beißen. Im Sommer sind die Morgen- und Abendstunden gute Beißzeiten, im Winter (aufgrund der Sonneneinstrahlung ins dann kalte Wasser) die Nachmittagsstunden.

BIENENMADE
Köder zum Fang zahlreicher Fischarten. Bienenmaden stammen nicht vom Imker, sondern es handelt sich bei diesen länglichen Maden um gezüchtete Wachsmottenlarven. An kommerziellen Angelseen zählen sie zu den besten Ködern zum Fang von → Regenbogenforellen.

BIG GAME FISHING
Hochseeangeln auf kapitale Meeresfische. Big Game Fishing findet zumeist in tropischen und subtropischen Gewässern statt. Big Game hat dabei nichts mit einem Großen Spiel zu tun, sondern der englische begriff Game meint hier das Wild (englisch: Big Game Fishing = Großfischangeln in Anlehnung an englisch: Big Game Hunting = Großwildjagd).

BIG S
ein von Mitte der 70er bis in die 80er Jahre von der US-amerikanischen Firma Noris Shakespeare hergestellter → Wobbler in Kugelform mit innenliegenden Rasseln, der namensgebend für eine Vielzahl ähnlicher Wobbler wurde. Heute spricht man von Big-S-Wobblern, wenn man Kugelwobbler mit Rasseln meint.

Verschiedene Big-S-Modelle

Verschiedene Bleikopfhaken

BIRNENBLEI
eine in Form einer Birne gegossene Bleibeschwerung bzw. ein Wurfgewicht mit einem eingegossenen → Wirbel oder einer Drahtöse zum → Grundangeln. Birnenbleie kommen meist in Verbindung mit → Anti-Tangle-Röhrchen beim Angeln mit → Boilies zum Einsatz.

BISSANZEIGER
alle Gegenstände, die den Biss eines Fisches signalisieren. Dazu zählen → Schwimmer (Posen), → Kletteraffen (Monkey Climber), → Aalglöckchen, → elektronische Bissanzeiger, aber auch ein auf die → Hauptschnur geklemmtes Stückchen Alufolie.

BLEIKOPFHAKEN
(Jighaken oder Twisterkopf), ein mit einem Bleikopf versehener Haken, der zum Angeln mit Gummiködern verwendet wird. Je nach Form des Bleies verleiht es dem Köder (→ Twister, → Shad) eine andere Laufeigenschaft (→ Aktion).

BLEIKOPFSPINNER
→ Spinner mit vorgeschaltetem Bleikopf für das grundnahe → Spinnfischen in tiefen Gewässern. Bleikopfspinner eignen sich in Flüssen sehr gut zum Befischen von Gumpen. In Seen sind sie vorzügliche → Spinnköder für die herbst- und winterliche Angelei, weil die Raubfische dann in tiefen Wasserschichten stehen.

BLEISCHROT
kleine Bleikügelchen, die mittels einer Kerbe auf die Schnur geklemmt werden. In der Regel verwendet man Bleischrote zum Austarieren feiner → Schwimmer (Posen) beim Angeln mit der → Stipp- oder → Matchrute.

BLINKER
→ Spinnköder aus Metall. Blinker sind Klassiker zum Raubfischfang. Prinzipiell unterscheidet man zwischen zwei Blinkerformen: dem gedrungenen, dickwandigen Löffelblinker, dessen Grundform der → FZ-Blinker

ist, und dem länglichen und an eine Fischform erinnernden Blinker, dessen Urform der → Heintz-Blinker darstellt. Beide Klassiker sind seit vielen Jahrzehnten auf dem Markt und haben seitdem nichts von ihrer Fängigkeit eingebüßt. FZ-Blinker sind für das Fischen in stehenden und sehr langsam fließenden Gewässern gemacht, Heintz-Blinker sind Spinnköder für fließende Gewässer. Durch ihr hohes Eigengewicht eignen sich Blinker sehr gut zum Angeln in Grundnähe. Geführt werden sie mittels Unterstützung durch die Angelrute, d.h. während des Einholens wird die Rutenspitze langsam auf und ab bewegt, wodurch die taumelnde Bewegung eines kranken oder angeschlagenen Fischchens imitiert wird.

BOILIE

ein Karpfenköder, bestehend aus proteinhaltigem Pulver, Eiern, Farb- und Aromastoffen (→ Flavours), der zu einem Teig geknetet und dann zu kleinen Kügelchen geformt und gekocht wird (englisch: boil = kochen). Die fertigen Boilies sind zäh bis hart und können nur von → Karpfen (je nach Festigkeit zuweilen aber auch von → Döbeln, → Barben und → Schleien) gefressen werden. Aufgrund ihrer Festigkeit können sie nicht direkt am Haken, sondern nur am → Haarvorfach (Haarmontage) angeboten werden. Boilies gelten als die besten und zuverlässigsten Köder zum Karpfenangeln. Es gibt sie in unterschiedlichen Größen, Farben und Aromanoten im Fachhandel zu kaufen.

BOILIENADEL

Eine spezielle → Ködernadel zum Auffädeln von → Boilies auf ein → Haarvorfach (Haarmontage). Bei sehr trockenen oder harten Boilies muss unter Umständen zuvor ein Loch mit einem sog. Boiliebohrer in den Köder gebohrt werden.

Die zwei klassischen Formen von Blinkern: oben ein Löffelblinker (FZ-Blinker), unten ein Heintz-Blinker

BOLOGNESERUTE

eine beringte → Stipprute (→ Teleskoprute) mit weit abstehenden Schnurlaufringen. Bologneseruten werden in langsam fließenden Gewässern eingesetzt, weil man mit ihnen → Pose und Köder auch dann noch unter der Rutenspitze kontrollieren kann, wenn sie in der Strömung treiben. Die Ruten werden in Längen zwischen fünf und zwölf Metern hergestellt.

BRAIDED LINE

eine (weiche oder geschmeidige) geflochtene Schnur zur Herstellung von speziell zum Angeln → Boilies gedachten → Vorfächern.

BRASSE

Neben → Rotaugen gehören Brassen zur Hauptbeute beim Angeln auf → Friedfische. Sie sind in fast allen stehenden und langsam fließenden Gewässern zu finden und schätzen dort den Bereich des Grundes. Kennzeichen: hochrückiger, seitlich stark zusammengedrückter Körper. Junge Fische tragen ein silbernes Schuppenkleid, ältere Exemplare ein messing- bis goldfarbenes. Die Flossen sind schwarz gefärbt. Im Durchschnitt sind Brassen 25 bis 35 Zentimeter lang, kapitale Exemplare werden bis 75 cm lang und neun Kilo schwer. Beste Angelzeit ist das Frühjahr und der Hochsommer. Auch kapitale Fi-

Brassen

Bucktail-Spinner sind sehr gute Spinnköder für Barsche und Hechte.

sche geben sich an der → Stipp- oder → Feederrute schnell geschlagen. Gute Köder sind → Maden und → Teig. Da die Fische häufig in großen Schwärmen umherziehen, ist reichliches Anfüttern eine Grundvoraussetzung für den Erfolg.

BUCKTAIL
ursprünglich der Name einer aus Tierhaaren hergestellten → Kunstfliege; heute vielfach die umgangssprachliche Kurzbezeichnung für einen → Spinner, dessen Haken oder → Drilling mit (meist bunten) Haaren versehen ist.

BUHNE
ins Flussbett gebaute und begehbare Steinschüttung, die zum Zwecke der Strömungsberuhigung errichtet wird. Eine Reihe von Buhnen nennt man Buhnenfelder. Jeweils die erste und die letzte Buhne eines Feldes sind gute Angelplätze.

BULLET-WEIGHT
Laufblei in Form einer Revolverkugel, das zum Angeln mit → Texas- und → Carolina-Rigs verwendet wird.

C

CAROLINA-RIG

→ Montage zum grundnahen → Spinnfischen auf → Barsche. Dabei wird ein → Bullet-Weight gefolgt von einer → Glasperle auf die → Hauptschnur gezogen und mit einem Einzelhaken am → Vorfach verknüpft. Als Köder dienen → Tauwürmer oder → Gummiköder. Die Montage funktioniert ähnlich wie ein → Texas-Rig. Das Vorfach lässt den Köder jedoch verführerisch „spielen".

Beim Fang großer Fische (hier ein Spiegelkarpfen) ist Catch and Release heute eine Alltäglichkeit, die jedoch bei Dunkelheit zu einer akrobatischen Übung werden kann.

Angler mit einem kapitalen Karpfen (Spiegelkarpfen) vor einem Carp-Dome

CARP DOME

ein für längeres Ansitzangeln auf → Karpfen konzipiertes Zelt, in dem man eine Liege und andere Gegenstände unterbringen kann (englisch: carp = Karpfen und dome = Kuppel).

CASTER (PUPPEN)

im Verpuppungsstadium befindliche → Maden, die solange sie rot oder braun sind, als Köder zum Fang von → Friedfischen und zum → Anfüttern geeignet sind. Schwarze Puppen können nicht mehr zum Angeln verwendet werden.

CATCH AND RELEASE

(englisch: fangen und freilassen) eine „Philosophie" bzw. Einstellung vieler Angler, bei der es darum geht, jeden gefangenen Fisch wieder zurück zusetzen. Um die Fische möglichst unverletzt zurück ins Wasser geben zu können, benutzen Catch-and-Release-Angler schonende Ausrüstungsgegenstände (→ Schonhaken, gummierte und knotenlose → Unterfangkescher sowie → Abhakmatten) und berühren ihre Beute nur mit nassen Händen.

COCKTAILKÖDER

zwei unterschiedliche und auf demselben Haken angebotene Köder, z. B. → Maden kombiniert mit → Mais. Cocktailköder empfehlen sich, wenn die Fische schlecht beißen.

COUNTDOWN-METHODE

Methode zum Absuchen der Wassersäule beim → Spinnfischen mit sinkenden → Spinnködern. Nach dem Auftreffen des Spinnköders auf die Wasseroberfläche zählt man bei gestraffter → Hauptschnur so lange, bis

Gummiköder wie diesen Krebs an einer Texas-Rig-Montage nennt man Creaturebaits.

der Köder den Grund erreicht hat. Trifft er z. B. bei zehn auf den Grund, wird beim zweiten Wurf bei neun mit dem Einkurbeln begonnen, beim dritten Wurf bei acht usw...

CRANKBAIT

→ Wobbler mit bauchigem Körper und aggressiven Laufeigenschaften. Oft sind sie mit Rasseln gefüllt. Um ihr Potential zu entfalten, müssen sie nur eingekurbelt werden (englisch: crank = kurbeln). In stark befischten Gewässern taugen Crankbaits wegen ihres aufdringlichen Laufes häufig wenig und üben auf Raubfische eher eine Scheuch- als eine Reizwirkung aus.

CREATUREBAITS

→ Gummiköder, die etwas anderes als einen Fisch oder einen Wurm imitieren. Sie stellen meist amphibische Lebewesen (Frösche, Echsen, Lurche etc.) oder Insekten bzw. Gliederfüßler (Tausendfüßler, Krebse, Krabben etc.) dar und kommen beim → Finesse-Angeln zum Einsatz. Ihr Name leitet sich aus der englischen Bezeichnung für Lebewesen bzw. Kreatur ab (englisch: creature = Kreatur und bait = Köder).

CUL DE CANARD

mit dem Sekret aus der Bürzeldrüse von Enten gefettete, schwimmfähige Federn, die sich zum Binden von → Fliegen (Trockenfliegen) eignen. Cul de Canard (französisch: = Entenhintern) wird oft mit CDC abgekürzt.

CYPRINIDEN

alle karpfenartigen Fische. In Mitteleuropa hauptsächlich → Karpfen, → Schleien und → Weißfische (→ Rotauge, → Rotfeder, → Brassen etc.). Mit Ausnahme von → Rapfen, → Döbel und → Aland sind Cypriniden hauptsächlich → Friedfische und ernähren sich nur sporadisch von anderen Fischen oder Wirbeltieren.

D

DEHNFÄHIGKEIT

(Schnurhärte) die Elastizität einer → monofilen Schnur. Je härter eine Schur ist, desto dehnungsärmer ist sie unter Belastung. Je nach Zielfischart können dehnungsarme (harte) oder dehnungsfähige (weiche) Schnüre von Vorteil sein. Zum Fischen auf → Zander wird wegen des harten Zandermauls harte, monofile Schnur verwendet, während man für weichmäulige → Barsche weiche Schnur einsetzt, um ein Ausschlitzen des Hakens zu vermeiden.

DENDROBENA

ein dem → Tauwurm ähnlicher Wurm, der sich aufgrund seiner lebhaften Bewegungen sehr gut als Angelköder eignet. Dendrobenas unterscheiden sich von Tauwürmern durch ihre gelbliche Unterseite und durch ihre gelbe Körperflüssigkeit, die beim Aufstecken auf den Haken austritt.

DIP

flüssiger Lock- bzw. Aromastoff (→ Flavour) in den bereits am Angelhaken befindliche Köder kurz vor dem Einwurf eingetunkt werden. Dips werden häufig beim → Grundangeln auf → Friedfische und nur selten beim Angeln auf → Raubfische verwendet.

DÖBEL

auch Aitel oder Dickkopf genannt. Döbel gehören, neben → Rapfen und → Alanden, zu den Süßwasserfischarten, die weder reine → Raub- noch → Friedfische sind. Sie werden sowohl beim → Ansitzangeln als auch von → Spinn- und → Fliegenfischern gefangen. Döbel beißen sowohl auf → Maden, → Würmer und → Köderfischchen als auch auf → Teig und → Käse sowie in den Sommermonaten auch auf Früchte (Kirschen, Erd- und Himbeeren). Besondere Kennzeichen: massiger, drehrunder Körper mit silbernem Schuppenkleid und bräunlich gefärbtem Rücken, dicker Kopf (daher der Beiname Dickkopf). Im Durchschnitt sind sie 25 bis 35 Zentimeter, kapitale Exemplare werden bis 70 Zentimeter lang und fünf Kilo schwer. Beste Fangzeit für kapitale Fische ist der Sommer. In einigen Flüssen geht die Beißzeit aber auch bis tief in den Winter hinein. Döbel bevorzugen fließende Gewässer.

Aufgrund ihrer gedrungenen Körperform sind Döbel wehrhafte Kämpfer und daher als Beute beim Spinn- und Fliegenfischen hoch geschätzt.

Gute Stellen finden sich unterhalb von Wehren, an Brückenpfeilern und unter überhängenden Ästen. Zwar mögen Döbel fließendes, sauerstoffreiches Wasser, doch stecken sie meist in den ruhigeren Abschnitten in unmittelbarer Nähe der Hauptströmung. Da sie sehr scheue Fische sind, sollten sie mit feinem Gerät befischt werden. Schnurstärken von über 0,25er schätzen sie nicht.

DOPPELBLATTSPINNER

auch Tandemspinner genannt, sind hervorragende Köder zum sommerlichen Hechtfischen in flachen Gewässern. Durch ihre zwei (zuweilen unterschiedlich großen) → Spinnerblätter geben sie extrem viel Reizwirkung ab und eignen sich daher bestens zum Fang aggressiver und in „Raublaune" befindlicher Fische.

CHECKLISTE FLIEGENFISCHEN

Was man auf keinen Fall daheim vergessen sollte: Fliegenrute mit Fliegenrolle, unterschiedliche Fliegenmuster zum Wechseln und Testen, Ersatzvorfächer, Unterfangkescher mit kurzem Griff (sog. Watkescher), Watstiefel oder Wathose, Polarisationsbrille (auch zum Schutz der Augen vor heranschnellenden Fliegen).

DRACHKOVITCH-SYSTEM

ein → Köderfischsystem zum → Spinnfischen. Es besteht aus einer Klammer, einem beweglichen Bleigewicht, einem Kupferdraht sowie zwei → Drillingen. Die Klammer wird durch das Maul des → Köderfisches geführt und in dessen Bauchraum verankert. Der Kopf des Köderfisches wird mit dem Kupferdraht umwickelt, die beiden Drillinge in dessen Flanken verankert. Das bewegliche Blei verleiht dem → Köderfisch, der nun wie ein → Twister oder → Shad geführt wird, ein äußerst lebendiges Spiel.

DREIWEGEWIRBEL

→ Wirbel mit drei Ösen, von denen die mittlere zur Befestigung eines → Seitenarms gedacht ist. → Dreiwegewirbel kommen meist beim Schleppfischen zum Einsatz.

DRILL

das systematische Ermüden einen gehakten Fisches vor der → Landung mittels Angelrute und richtig justierter → Rollenbremse.

DRILLING

(Drillingshaken), dreifacher Angelhaken, der zumeist an → Spinnködern montiert ist oder zum Angeln mit → Köderfischen auf → Raubfische eingesetzt wird. Viele Angler lehnen Drillinge aus Gründen der → Waidgerechtigkeit ab.

DROPSHOT-MONTAGE

→ Paternostersystem, zum → Vertikalangeln auf → Barsche und → Zander, bei dem ein z-förmiger Haken (Dropshot-Haken) im 90-Grad-Winkel direkt an ein → Vorfach aus → Fluorocarbon-Schnur gebunden und

Ein Hecht biss auf einen Wobbler und wehrt sich im Drill heftig an der Wasseroberfläche.

CHECKLISTE SPINNFISCHEN
Was man auf keinen Fall daheim vergessen sollte: Spinnrute mit Stationär- oder Multirolle, unterschiedliche Spinnköder zum Wechseln und Testen, Wirbel, Karabiner, Stahlvorfächer (beim Spinnfischen reißt viel an Hindernissen im Gewässer ab – Hängergefahr!), Unterfangkescher (bei geübten Anglern auch Lip-Grip), Gummi- oder Watstiefel, unauffällige Kleidung, denn Raubfische sind mitunter scheu. Daneben kann besonders im Sommer eine Polarisationsbrille sehr gute Dienste tun.

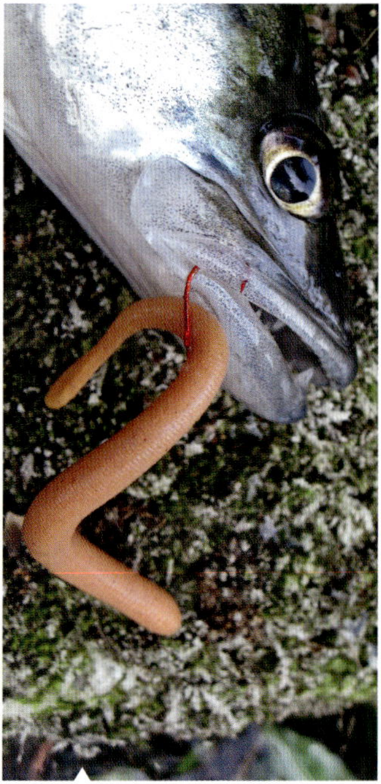

Hier fiel ein kleiner Zander auf einen Dummybait in Form eines Wurms herein.

mit einem → Gummiköder bestückt wird. Weiter verwendet man besondere Endbleie (Dropshot-Bleie) mit einer speziellen Öse, in welche die Schnur eingeklemmt wird. Im Falle eines Hängers geht so nur das Blei verloren. Die Montage wird zu einem Paternoster verknüpft und hebend und senkend geführt.

DUMMYBAIT
aus Kunststoffen hergestellte Köder, welche in Form, Farbe und Größe die natürliche Nahrung der Fische (Insekten, Würmer, Hülsenfrüchte usw.) imitieren und mit im Kunststoff verarbeiteten Aromastoffen versehen sind. Solche Köder reichen jedoch nicht ansatzweise an die Qualität ihrer natürlichen Vorbilder heran.

DUO-LOCK-SNAP
an zwei Stellen zu öffnender → Karabiner, der meist zum → Spinnfischen verwendet wird.

E

EFSA

Kürzel für die European Federation of Sea Anglers, den Dachverband der europäischen Meeresangler. Die EFSA vertritt ihre Mitglieder in 22 europäischen Staaten.

EINZELHAKEN

einfacher Angelhaken, wie er seit vielen Jahrhunderten zum Einsatz kommt. Heute gibt es neben Öhr- auch Plattenhaken.

EISANGELN

eine besonders in Skandinavien und Russland beliebte Form des Angelns im Winter. Gefischt wird durch ein ins Eis zugefrorener Seen gebohrtes Loch. Wird gezielt auf → Barsche und → Weißfische geangelt, verwendet man Mormyschken (→ Mormyschka), bei Fischen auf größere Raubfische → Vertikalköder.

Beim Eisangeln geht es meist um den Fang von Raubfischen und Salmoniden, wie dieser Seeforelle.

Bei geltenden Entnahmefenstern müssen auch kapitale Fische wie dieser Wels nach dem Fang zurückgesetzt werden.

ELEKTRONISCHER BISSANZEIGER

ein batteriebetriebener → Bissanzeiger in Form eines gabelförmigen → Rutenhalters mit integrierter Lichtschranke, der beim → Grundangeln zum Einsatz kommt. Beim Schnurabzug im Falle eines Bisses wird ein akustisches und optisches Signal erzeugt. Bei Aufnahme der Rute wird die Schnur freigegeben und man kann ungestört → drillen.

ENTNAHMEFENSTER

in vielen Ländern Europas gängiges Schonmaß zur Entnahme von Fischen aus einem Gewässer. Anders als beim → Mindestmaß dürfen bei geltenden Entnahmefestern nur Fische mittlerer Größe (z. B. → Hechte zwischen 70 und 90 cm) entnommen werden.

F

FEEDERN

→ Angelmethode zum grundnahen Fang von → Weißfischen (mitunter auch → Barben oder → Karpfen). Der Name Feedern bezieht sich auf das → Anfüttern mittels eines → Futterkörbchens, das bei jedem Wurf stets an gleicher Stelle platziert wird. Um die Futterstelle immer wieder zielgenau anwerfen zu können, empfiehlt es sich, nach dem ersten Wurf die → Hauptschnur mit einem wasserfesten Stift (Edding) an einer bestimmten Stelle zu markieren (am besten nahe der Rolle) und nach den folgenden Würfen bis zur Markierung einzuholen. Die Rute (→ Feederrute) wird vertikal auf einem → Rutenhalter abgelegt und ihre Spitze dient als → Bissanzeiger.

FEEDERRUTE

Rute mit starkem Rückgrat und sensibler Spitze. Feederruten wurden zum Angeln mit → Futterkörbchen entwickelt. Die Spitzen sind bei vie-

Ein Angler mit Feederruten am Kanal

len Modellen bunt lackiert, da sie als → Bissanzeiger dienen. Oft verfügen Feederruten auch über auswechselbare Spitzen, die von unterschiedlicher Stärke bzw. Sensibilität sind, um auf wechselnde Gegebenheiten am Gewässer (Strömung, Wind etc.) reagieren zu können.

FEHLBISS

Biss auf einen Naturköder oder Attacke auf einen → Kunstköder, ohne dass der Angler den Haken im Fischmaul platzieren kann.

FESTBLEIMONTAGE

Methode des → Grundangelns, bei der ein Blei (meist → Birnenblei) fest auf der → Hauptschnur sitzt oder mittels eines → Stoppers gebremst wird. Sobald der Fisch mit dem Köder davonschwimmt, setzt das Festblei stellvertretend für den Angler den → Anhieb. Die Methode wird beim Fischen mit → Boilies verwendet, kann aber in der Hauptströmung von Flüssen auch zum Angeln auf → Aale und → Barben genutzt werden, dann dienen kleine → Wurmköder oder Stücke von → Tauwürmern als Köder.

FINESSE-ANGELN

unter diesem relativ neuen Begriff werden sämtliche → Montagen zusammengefasst, bei denen mit → Gummiködern an unbeschwerten Haken (also ohne → Bleikopfhaken) geangelt wird (z. B. → Texas Rig und → Carolina Rig oder → Drop-Shot).

FIREBALL RIG

→ Bleikopfhaken mit zusätzlichem, sehr kurzem, → Stahlvorfach (→ Angsthaken) zum → Vertikal-angeln auf → Zander oder → Barsche. Statt eines Gummiköders werden Köderfische auf die Fireball Rigs gezogen. Man sollte jedoch keine zuvor tiefgefrorenen Köderfische verwenden, da diese zu weich sind und schnell vom Haken fallen.

Eine Festbleimontage mit einem Boilie am Haarvorfach

Flavours in Form von Gel sind besonders zum Angeln auf Raubfische geeignet.

Wobbler im Firetiger-Design

FIRETIGER

Design bzw. Farbgebung eines → Spinnköders (meist → Wobblers) in leuchtend gelber Grundlackierung mit schwarzen Streifen (englisch: fire und tiger = Feuer und Tiger). Spinnköder im Firetiger-Look sind besonders in den Frühjahrsmonaten beim gezielten Angeln auf → Zander und → Barsche einen Versuch wert.

FISCHTÖTER

mit schwerem Metall gefüllter Kunststoffschlagstock, zur waidgerechten (→ Waidgerechtigkeit) Betäubung des Fisches vor dem tödlichen Herzstich. Daneben gibt es auch Modelle aus Holz mit Metallkopf.

FISCHWAID

heute nur selten verwendete Bezeichnung für das Angeln. Der Begriff meint mehr als die bloße Ausübung des Hobbys. Mit ihm wird das waidgerechte (→ Waidgerechtigkeit) und sportliche Angeln umschrieben, bei dem der Fisch als Kreatur hoch geschätzt wird. Moderne „Philosophien" wie → Catch and Release sind mit der Fischwaid verbunden.

FLACHSPINNEN

eine Methode des → Spinnfischens auf → Rapfen, bei der ein → Spinnköder (meist ein → Blinker, → Wobbler oder → Rapfenblei) mit hohem Tempo dicht unter der Wasseroberfläche geführt wird.

FLAVOUR

konzentrierte Geruchs- bzw. Aromastoffe, die bei der Herstellung von → Boilies verwendet werden oder dem → Grundfutter zugefügt werden (englisch: flavour = Geschmack, Würze).

Heute werden längst nicht mehr nur noch Insektenimitate als Fliegen gebunden. Hier eine kunstvoll gebundene Garnele

FLIEGE

(Kunstfliege), meist aus Vogelfedern und Tierhaaren gebundene Insektenimitationen zum → Fliegenfischen. Fliegen gibt es in drei Grundformen: schwimmende Fliegen (sog. Trockenfliegen), die an der Wasseroberfläche angeboten werden, sinkende Modelle (sog. Nassfliegen), die ertrunkene Insekten imitieren und mit Metall beschwerte Fliegen (sog. Nymphen), die Insekten im Larvenstadium darstellen. Eine vierte besondere Fliegenform sind große Nassfliegen → Streamer, die Fischchen nachempfunden sind.

FLIEGENFISCHEN

Form des Angelns mit → Fliegen (Kunstfliegen). Wurden früher hauptsächlich → Salmoniden beim Fliegenfischen beangelt, so werden heute auch zahlreiche → Raub- und → Friedfischarten gefangen. Da man beim Fliegenfischen mit der → Fliegenschnur als → Wurfgewicht auskommen muss und sich das Gerät (→ Fliegenrute und -rolle) völlig von anderem Angelgerät unterscheidet, gilt diese Angelart bei vielen Fischern als eine hohe Kunst.

FLIEGENROLLE

eine einfache → Nottingham- bzw. Achsenrolle, die beim Fliegenfischen als Schnurreservoir dient und, anders als bei → Stationär-, → Baitcaster- und → Multirollen), nicht zum Auswerfen der Schnur geeignet ist. Automatische Fliegenrollen, bei denen zur Schnuraufnahme nicht gekurbelt werden muss, waren in den 70er Jahren in Mode; sie werden heute nur noch selten verwendet.

FLIEGENRUTE
spezielle Rute zum → Fliegenfischen. Es gibt Einhand- und Zweihandfliegenruten. Anders als bei anderen Wurfruten, sitzt bei Fliegenruten die spezielle → Fliegenrolle unterhalb der Wurfhand auf dem Rutengriff. Bei Einhandruten sogar am unteren Rutenende. Fliegenruten sind, passend zur Schnur, von der → A.F.T.M. klassifiziert.Im Vergleich zu anderen Ruten sind Fliegenruten im Fachhandel deutlich teurer.

FLIEGENSCHNUR
Es gibt sinkende und schwimmende Fliegenschnur. Beide Schnüre dienen sowohl als Angelschnur wie auch – durch ihr eigenes Gewicht – als → Wurfgewicht. Eingeteilt werden die je nach → Zielfischart unterschiedlich schweren Schnüre in Schnurklassen, die von der → A.F.T.M. festgelegt wurden.

FLIEGENVORFACH
aus monofiler Schnur gefertigtes → Vorfach. Es gibt schwimmende und sinkende Vorfächer zum Fischen mit Trocken- bzw. Nassfliegen (dazu zählen auch → Nymphen und → Streamer). Trockenfliegenvorfächer sind oft verjüngt, d. h. an der Spitze, an welche die Fliege angeknotet wird, wesentlich dünner als an der Schlaufe, die das Vorfach mit der Fliegenschnur verbindet.

FLUGNAHRUNG
ins Wasser gefallene Insekten, die von Fischen gefressen werden. Der Begriff Flugnahrung wird meist in Zusammenhang mit dem → Fliegenfischen verwendet.

Ein beim Fliegenfischen gefangener Barsch neben einer Fliegenrolle

Eine Einhandrute im Einsatz beim Fliegenfischen an der Küste

FLUOROCARBON-SCHNUR

eine sehr weiche und transparente → monofile Schnur, die unter Wasser als beinahe unsichtbar gilt. Fluorocarbon-Schnur wird zur Herstellung von → Vorfächern fürs → Spinnfischen benutzt, ersetzt jedoch kein → Stahlvorfach.

FORELLE

Sammelbezeichnung für alle in Europa beheimateten Forellenarten; dazu zählen: → Bach-, → Meer-, → Regenbogen- und → Seeforelle. Andere Forellenbezeichnungen, wie etwa → Lachsforelle, bezeichnen keine Forellenart, sondern stammen aus der Koch- und Küchensprache.

FORELLENTEIG

(Power-Bait), ein in Gläser abgefüllter, bunter Fertigteig, der als Köder zum Fischen in kommerziellen Angelteichanlagen benutzt und hauptsächlich zum Fang eingesetzter → Regenbogenforellen verwendet wird. Aufgrund seiner Schwimmfähigkeit eignet sich der Teig auch zum → Grundangeln mit → Grundbleien über schlammigem Grund.

FREILAUFROLLE

(Baitrunner), → Stationärrolle zum → Ansitzangeln, die auch bei geschlossenem Schnurfangbügel einem beißenden Fisch freien Schnurabzug gewährt und dem Angler – ohne etwas an der Rolleneinstellung verändern zu müssen – einen zügigen Anhieb ermöglicht, denn bei Betätigung der Rollenkurbel wird der Freilauf ausgeschaltet und die zuvor gewählte Einstellung der → Rollenbremse kommt zur Wirkung. Sehr vorsichtig beißenden Fischarten (→ Zander oder → Schleie) sind die Freiläufe jedoch zu sperrig, hier sollte beim Grundangeln mit geöffnetem Schnurfangbügel gefischt werden.

FRIEDFISCH

Als Friedfische werden Fischarten bezeichnet, deren Vertreter sich nicht räuberisch von anderen Fischen oder Wirbeltieren ernähren, sondern pflanzliche Nahrung bzw. Würmer, Schnecken, Larven etc. zu sich nehmen. Zu den Friedfischen zählen (mit Ausnahme von → Döbel, → Rapfen und → Aland) fast alle in Mitteleuropa vorkommenden → Cypriniden.

FROLIC

Markenname eines in Ringen geformten Hundefutters, das sich hervorragend als Köder zum Fang von → Karpfen eignet. Angeboten werden Frolicringe wie → Boilies an der → Haarmontage (Haarvorfach).

FRÜHJAHRSSCHONZEIT

eine saisonale → Schonzeit, die das Angeln an einem Gewässer oder an einem Gewässerabschnitt generell untersagt. Ursprünglich wurde sie an nahrungsarmen (meist alpinen) Gewässern eingeführt, um die Fische nach dem Laichgeschäft vor zu hohem → Angeldruck zu schützen. Heute findet man Frühjahrsschonzeiten oft auch dort, wo sie keinen ökologischen Sinn haben. Analog zu Frühjahrschonzeiten gibt es an einigen Gewässern auch Winterschonzeiten.

FRÜHSTÜCKSFLEISCH

Köder zum Fang von → Karpfen und → Döbeln. Das eingekochte Fleisch eignet sich besonders im Frühjahr und Herbst als Hakenköder. Es wird in kleine Würfel geschnitten und mit der → Ködernadel aufgezogen. Die Hakenspitze sollte dabei frei bleiben,

Freilaufrolle

Die rote Kunststoffplättchen am Drilling des FZ-Blinkers soll die offenen Kiemen eines Fischchens imitieren und sorgen für erheblich mehr Bisse als auf Blinker ohne Fähnchenzusatz

damit der Haken beim → Anhieb (Anschlag) sicher im Fischmaul platziert werden kann.

FUTTERKÖRBCHEN

aus Draht oder Kunststoff gefertigter, am oberen und unteren Ende offener kleiner Korb, der beim → Grundangeln (besonders beim → Feedern) mit → Grundfutter befüllt wird und wie ein → Grundblei vor das Vorfach auf die Hauptschnur gezogen wird. Je nach Festigkeit des Futters wird es schnell oder langsam am Angelplatz aus dem Körbchen gespült und lockt die → Friedfische an den (meist mit → Maden oder → Wurmködern bestückten) Haken.

FUTTERSCHLEUDER

(Madenschleuder), eine Fletsche (Zwille, Schleuder, Katapult) zum zielgenauen Ausbringen von → Maden oder → Grundfutter beim Anfüttern über große Distanzen.

FZ-BLINKER

nach Erfinder (Fritz Ziegenspeck) benannter → Blinker, der seit über 80 Jahren auf dem Markt ist und heute unter verschiedenen Namen von zahlreichen Herstellern angeboten wird. Der FZ gilt als der „Urvater" aller löffelförmigen Blinker und ist besonders in stehenden und langsam fließenden Gewässern ein sehr guter Köder zum Fang von → Hechten.

G

GEFLOCHTENE SCHNUR besteht aus mehreren Fäden und hat im Vergleich zur preisgünstigeren → monofilen Schnur bei gleicher Tragkraft einen bedeutend geringeren Durchmesser und weist so gut wie keine → Dehnfähigkeit auf. Sie ist gegenüber monofiler Schnur wesentlich empfindlicher in Bezug auf ihre → Abriebfestigkeit. Geflochtene Schnur wird hauptsächlich zum → Spinnfischen und beim → Grundangeln auf weite Distanzen eingesetzt.

GETREIDEKÖRNER Köder zum Fang von → Friedfischen. Gekochte Weizen- und Hanfkörner sind besonders im Winter ein hervorragender Köder an der → Stipprute.

Verschiedene Gliederwobbler

GLASPERLE
spezielle, aus hartem Glas gefertigte Perle, die für → Texas- und → Carolina-Rigs verwendet wird. Die Perle schlägt beim → Spinnfischen mit den Laufbleien (meist → Bullet-Weights) zusammen und erzeugt so das für → Barsche verführerische Klickgeräusch.

GLASS-RATTLE
(Glasrassel), kleines, ursprünglich nur zum Binden von → Streamern verwendetes Röhrchen, in dem zwei bis drei kleine Glasperlen untergebracht sind. Glass-Rattles werden heute oft in → Twister und → Gummifische gesteckt, weil das Geräusch der aufeinander- schlagenden Glasperlen eine Lockwirkung auf → Raubfische hat.

GLIEDERWOBBLER
ein aus zwei (selten drei oder mehr) Teilen bestehender Wobbler, der aufgrund seiner Teilung einen lebhaften Lauf entwickelt.

GRASHÜPFER
(Heuschrecke), Köder zum Fang von → Forellen, → Döbeln und → Rotfedern. Grashüpfer werden meist in fließenden Gewässern an der → Wasserkugel angeboten. Man sollte sie nur in den Sommermonaten verwenden, wenn sie auch an den Rändern der Bäche und Flüsse

Kapitale Graskarpfen werden oft beim Angeln mit Boilies gefangen.

Verschiedene Grundbleie

vorkommen. Als Forellenköder sind sie an vielen Gewässern verboten.

GRASKARPFEN

ursprünglich aus Asien stammender → Friedfisch, der sich hauptsächlich vegetarisch ernährt und bis zum Aufkommen von → Boilies oft mit → Mais (Dosenmais) befischt wurde. Heute zählen Graskarpfen zur regelmäßigen Beute beim gezielten Angeln auf Karpfen mit → Boilies. Graskarpfen haben einen von großen, goldfarbenen Schuppen bedeckten und torpedoförmigen Körper. Sie können über 1,2 Meter lang und bis zu 30 Kilo schwer werden.

GRUNDANGELN

eine Form des → Ansitzangelns. Dabei werden natürliche Köder (→ Teig, → Maden, → Köderfische etc.) nicht unbedingt mit dem → Grundblei am Gewässergrund angeboten, sondern können auch am → Schwimmer (Pose) präsentiert werden. Grundangeln bezeichnet die ursprünglichste Form des Angelns und hat nichts mit dem Gewässergrund zu tun.

GRUNDBLEI

(Bodenblei, Laufblei), mit einer Tunnelbohrung versehenes Bleigewicht zum → Grundangeln, das frei auf der → Hauptschnur laufen kann und so-

Grundeln sind seit einigen Jahren in vielen Flüssen zu einer Plage geworden und stellen als Beute nur noch Kinder zufrieden.

wohl den Köder in Grundnähe hält als auch als Wurfgewicht dient. Es gibt Grundbleie in verschiedenen Formen. Bei in ungleichmäßiger Form gegossenen Modellen ist darauf zu achten, dass der schwerere Teil in Richtung des Hakens auf die Schnur gezogen wird, um beim Wurf Schnurverwicklungen zu vermeiden.

GRUNDEL

Fischgattung mit weltweit über 150 Vertretern. In Westeuropa haben sich die Formen Marmor-, Kessler-, Fluss- und Schwarzmaulgrundel explosionsartig verbreitet, nachdem sie ab 2005 durch das Rhein-Main-Donaukanalsystem aus Osteuropa einzuwandern begannen (→ Grundelproblematik). Grundeln werden selten länger als zehn Zentimeter, sind bräunlich bis schwarz und haben bei einem zylindrisch geformten Körper einen breiten Schädel, weshalb man sie auch Bullheads (Bullenköpfe) nennt.

GRUNDELPROBLEMATIK

die massenhafte Verbreitung osteuropäischer → Grundeln in viele Flusssysteme Deutschlands und Österreichs. An Gewässerabschnitten wie dem Niederrhein oder dem Mündungsbereich der Ruhr ist keine Angelei mit Ködern wie → Maden und → Würmern mehr möglich. Um von Grundelbissen verschont zu werden (oft fängt man mehr als 40 Fische in 60 Minuten), müssen Angler auf vegetarische Köder (Teig, Mais etc.) zurückgreifen.

GRUNDFUTTER

lockere Teigmasse zum → Anfüttern beim gezielten Fang von → Friedfischen. Als Basismasse verwendet man angefeuchtetes Paniermehl, aber auch Haferflocken, Biskuitmehl oder andere pulverisierte Gebäckmasse, die unter Hinzugeben von Wasser sowie → Flavours, → Partikeln, → Maden oder → Castern zum Grundfutter vermengt und in Form von tennisballgroßen Kugeln ins Wasser eingeworfen wird. Die beste Konsistenz hat Grundfutter, das sich im Wasser rasch zu einer Wolke ausbreitet.

GUMMIKÖDER

Sammelbezeichnung für alle aus Weichplastik hergestellten → Kunstköder (meist → Twister und → Shads). Meist kurz Gummis genannt.

Dieser Zander biss so gierig auf einem Gummiköder, dass er ihn beinahe verschluckte.

H

HAARMONTAGE
(Haarvorfach), eine aus dem Angeln mit → Boilies stammende Befestigung des Köders an einer dünnen und nur ein bis zwei Zentimeter langen Schnur (Haar) unterhalb des Hakens. Der Vorteil von Haarmontagen besteht darin, dass der Fisch beim Einsaugen des Köders weder Haken noch Vorfachschnur spürt.

HÄLTERUNG
(Hältern), die vorübergehende Unterbringung lebender, gefangener Fische in Behältnissen (Fässern, Eimern, Becken oder → Setzkeschern).

HÄNGER
Festsitzen des Hakens oder der ganzen → Montage an Hindernissen oder am Gewässergrund. Oft führen Hänger zum Verlust von → Spinnködern.

HAKENLÖSER
Instrument zum schnellen und schonenden Entfernen des Hakens aus dem Fischmaul. Jeder Angler sollte ein Set mit Hakenlösern in verschiedenen Größen mitführen.

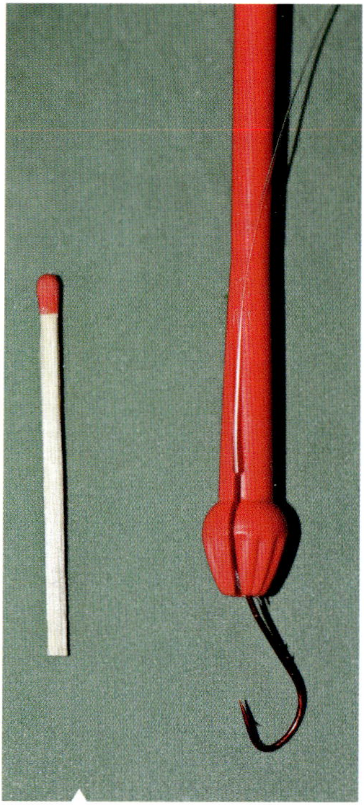

Hakenlöser

Bei der Handlandung von Hechten riskiert man nicht selten blutige Finger. Unerfahrene Angler sollten daher einen geräumigen Unterfangkescher mitführen.

HANDLANDUNG

Technik zum → Landen von → Raubfischen, bei der weder → Unterfangkescher noch → Landezange (Lip-Grip) verwendet werden. Die bekannteste Form der Handlandung ist der → Wallergriff. → Hechte, → Zander und → Waller sollten nur von erfahrenen Anglern mit der Hand gelandet werden, da erhebliche Verletzungsgefahren bestehen.

HARDBAITS

Sammelbezeichnung für alle → Spinnköder aus Metall, Holz oder härteren Kunststoffen (z. B. → Blinker, → Wobbler, → Spinner). Hartbaits werden von → Softbaits (→ Twister und → Gummiköder) unterschieden.

HARDMONO

eine steife, → monofile Schnur, die zur Herstellung von → Vorfächern fürs → Spinnfischen verwendet wird. Hardmono ist abriebfester als herkömmliche → monofile Schnur, ersetzt jedoch kein → Stahlvorfach.

HAUPTSCHNUR

die eigentliche (und auf der → Rolle befindliche) Angelschnur. Auf ihr bzw. an ihr wird die → Montage angebracht, bzw. an sie werden → Wirbel oder → Karabiner zum → Spinnfischen angeknotet. Hauptschnüre bestehen heute entweder aus → monofilen oder → geflochtenen Fäden. Monofile Schnur sollte jährlich erneuert werden.

Der Hecht zählt zur Lieblingsbeute der meisten Angler.

HECHT

Hechte zählen zu den beliebtesten Sportfischen in deutschen Gewässern. Sie werden sowohl mit → Kunstködern als auch mit → Köderfischen beangelt. Spezialisten stellen Hechten auch mit → Streamern nach. Besondere Kennzeichen: großer Kopf mit langer, entenschnabelförmiger Schnauze, die mit äußerst scharfen Zähnen ausgestattet ist. Langgestreckter, schlanker Körper, weit nach hinten verlagerte Rückenflosse. Die Färbung der Hechte schwankt zwischen leuchtend grün und grünbraun (je nach Aufenthaltsort und Wasserfarbe). Laichzeit: Februar bis April bei sehr niedrigen Wassertemperaturen. Größe: Im Durchschnitt 50 bis 65 Zentimeter, kapitale Exemplare werden bis 150 Zentimeter lang und 25 Kilo schwer. Kleinere Hechte halten sich meist in der Uferregion auf. Größere Exemplare sind Freiwasserfische und werden in Seen oft weit entfernt vom Ufer gefangen. Hechte bevölkern alle Wasserschichten. Im Frühjahr und Sommer bevorzugen sie die wärmeren Wasserschichten in etwa zwei Meter Tiefe,

EXTRA-TIPP

Viele Angler überschätzen den Appetit von Hechten und fischen mit zu großen → Spinnködern. Hechte bevorzugen aber leichte und leicht zu bewältigende Beute. Im Frühjahr und Sommer sind dies fünf bis sechs Zentimeter große Fischchen, im Herbst und Winter zehn bis zwölf Zentimeter große. Dieser Beutefischgröße sollten auch die Spinnköder angepasst werden.

Im Herbst beginnt für viele Angler die eigentliche Hechtsaison.

im Winter werden sie auch unterhalb fünf Metern gefangen (in sehr tiefen Seen auch unterhalb von 15 Metern). Mittlere Spinnruten und → geflochtene Schnur der Stärke 0,20 mm sind ideal zum Fischen mit Kunstködern (→ Blinker, → Spinner, → Shads und → Wobbler). Fürs Angeln mit Naturködern werden meist drei bis vier Meter lange Ruten mit einem → Wurfgewicht von 60 bis 80 Gramm sowie → Stationärrollen, gefüllt mit 150 Metern 35er → monofiler Schnur verwendet). Beim Angeln auf Hechte ist ein → Stahlvorfach unerlässlich.

HEGENE

ein → Paternostersystem an sehr dünner, → monofiler Schnur, welches mit → Fliegen (meist Nymphen) bestückt ist und vom Boot aus zum Fang von → Renken (Maränen), zuweilen auch → Saiblingen, in alpinen und voralpinen Seen eingesetzt wird.

HEINTZ-BLINKER

ein nach seinem Erfinder (Karl Heintz) benannter → Blinker, der seit etwa 100 Jahren auf dem Markt ist und als „Klassiker" unter den länglichen → Spinnködern gilt. Der Heintz-Blinker eignet sich besonders für den Einsatz in fließenden Gewässern.

I

IGFA

Abkürzung für International Game Fishing Association. Die IGFA versteht sich als weltweiter Dachverband aller Sportfischer. Die 1939 gegründete Organisation mit Sitz in Dania Beach (Florida) entstand aus dem Wunsch vieler Angler, verbindliche Regeln für den Fang von Rekordfischen zu schaffen.

Auch ohne Rekordrichtlinien der IGFA macht das Angeln Spaß.

J

JAPANESE TACKLE

(englisch = japanisches Gerät), ein von der Angelgeräteindustrie inszenierter Trend, dem hauptsächlich junge Angler folgen, indem sie (fast) ausschließlich mit Angelgeräten aus japanischer Herstellung fischen und sich durch diese Geräte- und Köderwahl (meist → Wobbler) von anderen Anglern unterscheiden.

Zwei schöne mit der Fliegenrute gefangene Meerforellen.

JERKBAIT

→ schaufelloser Wobbler, der in ruckartigen Bewegungen (englisch: jerk = schlagen) an der Wasseroberfläche oder im Flachwasser geführt wird. Für große Jerkbaits (über 20 Zentimeter) gibt es besondere Jerkbaitruten, die sich durch eine steife → Aktion auszeichnen und an die meist eine → Multirolle montiert wird.

JIG

→ Bleikopfhaken (Jigkopf), der mit Federn oder Haaren umwickelt ist und wie ein → Twister geführt wird (→ Jiggen). Im Englischen werden auch → Pilker als Jigs bezeichnet.

JIGGEN

eine Form des Spinnfischens, bei der man einen → Twister oder → Shad (Gummifisch) nach dem Wurf an gestraffter Schnur auf den Gewässergrund sinken lässt und ihn anschließend ruckartig (Heben und Senken der Rutenspitze) wieder einholt. Der Köder wird so über dem Grund hüpfend geführt. Da die meisten Bisse während der Sinkphasen kommen, muss die Schnur stets straff bleiben, denn nur so übertragen sich die Bisse direkt in die Rute und können mit einem sofortigen → Anhieb (Anschlag) quittiert werden.

Heute werden Wildkarpfen nur noch selten gefangen.

K

KÄSE

sowohl Hart- als auch Weichkäse sind sehr gute Köder zum Fang von → Friedfischen. Stücke von Hartkäse sollten vor dem Einsatz als Hakenköder etwa zehn Stunden in Milch eingeweicht werden.

KARABINER

(Einhänger), verschließbare Metallöse, die ans Ende der → Hauptschnur geknotet wird und zum Einhängen von → Vorfächern oder → Spinnködern dient. Es sollten nur Karabiner mit Sicherheitsverschlüssen verwendet werden.

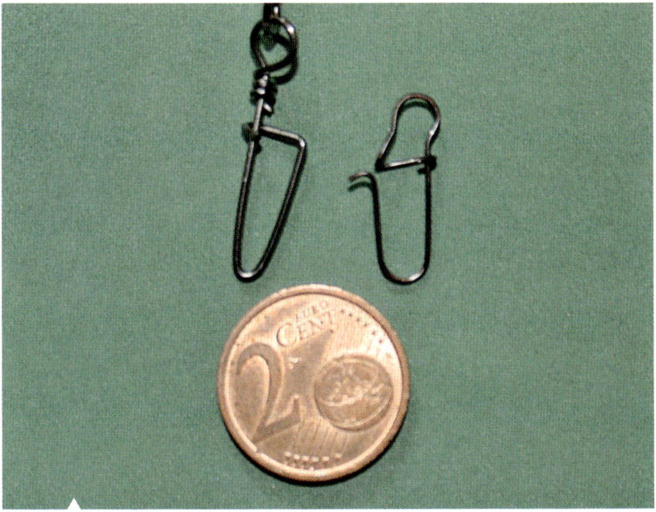

Karabiner (rechts mit und links ohne Sicherheitsverschluss)

KAPSELROLLE

→ Stationärrolle, bei der die Spule von einer Kapsel umgeben ist. Die Schnurfreigabe zum Wurf erfolgt mittels eines Hebels am Heck der Rolle. Kapselrollen sind heute nur noch selten in Gebrauch.

KARPFEN

→ Friedfisch, der in vielen fließenden und stehenden Gewässern vorkommt. Kapitale Karpfen galten lange als schwierig zu fangen. Dies hat sich seit Mitte der 80er Jahre mit dem Aufkommen von → Boilies und → Haarmontagen geändert. Seit dem Mittelalter werden Karpfen in Europa gezüchtet; deshalb kann ihr Erscheinungsbild recht vielfältig sein. Man unterscheidet vier Zuchtformen: Schuppen-, Zeil-, Leder- und Spiegelkarpfen. Alle Karpfenformen haben, neben ihrer goldbraunen Farbe, ihr von vier kurzen Barteln gesäumtes Rüsselmaul als gemeinsames Merkmal. In den meisten Gewässern vermehren sich Karpfen nur in besonders günstigen Jahren (Laichzeit im Juni). Ein guter Karpfenbestand hängt daher von regelmäßigen Besatzmaßnahmen ab. Im Durchschnitt sind Karpfen 40 bis 60 cm lang, kapitale Exemplare erreichen bis einen Meter und können dreißig Kilo schwer werden. Beste Angelzeit sind Frühjahr und Sommer. Zum gezielten Karpfenangeln ist es wichtig, eine Futterstelle über mehrere Tage anzu-

Karpfen, wie dieser Spiegelkarpfen, mögen stehende und verkrautete Gewässer.

Ein langgestreckter Schuppenkarpfen

legen. Angefüttert wird meist mit Boilies. Gute Karpfenplätze findet man in Seen nahe von Seerosenfeldern, an Schilfufern und an den Einläufen von Bächen. In Kanälen halten die Fische sich meist im tiefen Wasser der Fahrrinne auf. In Flüssen kommen sie nach Einbruch der Dunkelheit in die Buhnenfelder. Gerät und Köder: → Karpfenruten, → Freilaufrollen (gefüllt mit 20er → geflochtener Schnur oder 30er → monofiler Schnur, sowie → Festbleimontagen). Als Köder werden heute fast ausschließlich Boilies eingesetzt. Karpfen lassen sich aber auch mit vielen anderen Ködern fangen (→ Kartoffeln, → Teig, → Getreidekörnern, → Maden, → Käse u. a.).

KARPFENRUTE

Grundrute zum Angeln auf → Karpfen. Moderne Karpfenruten sind in der Regel 3,3 Meter lang und verfügen über ein sehr hohes → Wurfgewicht. Meist wird bei ihnen die Länge in Fuß (ft.) und das Wurfgewicht in englischen Pfund (lb.) angegeben.

KARTOFFEL

Köder zum Fang von → Friedfischen. Ganze, gekochte Kartoffeln werden mit der → Ködernadel aufgezogen und sind ein hervorragender Köder für → Karpfen. Stücke von Kartoffeln sind besonders im Winter ein guter Köder für → Rotaugen.

KEHRE

Windung eines Flusses, die so stark ist, dass das Wasser in die Gegenrichtung zu strömen scheint. Kehren sind sehr gute Angelplätze.

KEVLAR-SCHNUR

Material zur Herstellung von Vorfächern für das → Spinnfischen und → Ansitzangeln auf → Raubfische. Als → Vorfachmaterial hält Kevlar-Schnur Hechtzähnen nicht stand, ist aber für das Angeln auf → Welse (Waller) geeignet.

Klemmhülsen mit dazugehöriger Zange

KLEMMHÜLSEN
kleine Metallhülsen, die zur Herstellung von → Stahlvorfächern benutzt werden. Oft kommen sie auch bei der Herstellung von → Vorfächern aus → Hardmono zum Einsatz. Stets sollten die Hülsen mit einer → Klemmhülsenzange gequetscht werden und nicht etwa mit Zangen aus dem Baumarkt, die das Vorfachmaterial beschädigen würden.

KLEMMHÜLSENZANGE
eine spezielle Zange zum Zusammendrücken von → Klemmhülsen. Im Fachhandel gibt es unterschiedliche Modelle. Eine gute Zange sollte mindestens drei, besser fünf, Einkerbungen zum Verschluss der Hülse aufweisen.

KLETTERAFFE
(Monkey Climber), ein aus Kunststoff gefertigter → Bissanzeiger, der auf ei-

ner in den Erdboden gesteckten Stange geführt wird. In den Kletteraffen kann die → Hauptschnur so eingelegt werden, dass der Affe bei einem Biss an der Stange emporsteigt. Ihren Namen erhielten diese Bissanzeiger, weil ihr Verhalten an einen Affen erinnert, der einen Baum besteigt.

KNICKLICHT

transparentes Kunststoffröhrchen mit zwei chemischen Flüssigkeiten, die durch ein Knicken miteinander in Verbindung gebracht werden und so für etwa sechs bis acht Stunden ein (gelbes oder rotes) kaltes Licht im Inneren des Röhrchens erzeugen. Knicklichter werden in → Knicklichtposen oder andere optische Bissanzeiger (z. B. → Kletteraffen) gesteckt und erlauben ein Beobachten des → Bissanzeigers bei völliger Dunkelheit.

KNICKLICHTPOSE

(Leuchtschwimmer), → Schwimmer (Pose) zur Aufnahme eines → Knicklichtes. Das aktivierte Knicklicht wird in den Kopf des Schwimmers eingeführt oder mittels einer Vorrichtung am Posenkörper befestigt. Knicklichtposen werden bei Nacht oder bei sehr diesigen Witterungsverhältnissen eingesetzt.

KNÖDELTEIG

Köder zum Fang von größeren → Friedfischen. Alle Fertigmischungen für Knödel (außer Semmelknödel) eignen sich zur Herstellung von Teigködern. Aus der Teigmasse werden maulgerechte Kügelchen geformt, die dann in Zuckerwasser gekocht werden. Die gummiartigen Kügelchen können sowohl am Haken als auch an der → Haarmontage angeboten werden.

KNOTENLOSVERBINDER

(No Knot), Drahtkonstruktion zur Verbindung von → geflochtenen Schnüren. Im Gegensatz zu → Karabinern und → Wirbeln wird bei diesen Verbindern kein Knoten erstellt, sondern die Schnur in engen Wicklungen um den Knotenlosverbinder gelegt. So wird die Schnur nicht wie bei einem Knoten belastet, sondern behält ihre volle Tagkraft.

EXTRA-TIPP
In viel befischten oder klaren Gewässern fangen Spinnköder in natürlichem Design (braun oder silbern) besser als poppig bunte. Dies gilt auch am Abend.

KÖDERFISCH

in der Regel fünf bis zwölf Zentimeter (selten über 20 Zentimeter) langes (totes!) Fischchen, das als Köder zum Fang von → Raubfischen verwendet wird. Köderfische sollten aus dem Gewässer stammen, in dem sie auch verwendet werden. An vielen Seen ist es aus Gründen der Gewässerhygiene verboten, „fremde" Köderfische einzubringen.

EXTRA-TIPP
Wichtig beim Angeln mit Köderfischen an der Posenmontage ist die richtige Anköderung. Ein Köderfisch muss so aufgesteckt werden, dass er in seiner natürlicher Schwimmhaltung im Wasser steht.

Mit Flavours aufgespritzte Gummifische fangen oft deutlich besser als unbehandelte.

KÖDERNADEL

15 bis 20 cm lange Auffädelnadel, mit deren Hilfe Naturköder (meist → Köderfische, → Kartoffeln, → Käsestücke usw.) aufs → Vorfach gezogen werden.

KÖDERTUNING

Verstärkung der Reizwirkung eines → Kunstköders durch optische, akustische oder aromatische Veränderung. Besonders bei → Gummiködern, die nach Entnahme aus der Verpackung arg nach Plastik riechen, kann eine Behandlung mit flüssigen Lockstoffen (→ Flavours) die Fangergebnisse verbessern. Am besten injiziert man die Lockstoffe mit einer Spritze.

KOPFRUTE

unberingte →Stipprute

KRAUTBLINKER

mittels einer Verkleidung des Hakens weitestgehend vor Befall von Wasserpflanzen, Blättern und anderen Hindernissen im Wasser geschützter → Blinker.

KUNSTKÖDER

alle aus für Fische nicht fressbarem Material von Menschen hergestellte Köder. Kunstköder werden zum → Spinn- und → Fliegenfischen sowie zum → Pilken (→Vertikalangeln) verwendet. Klassische Kunstköder sind → Blinker, → Spinner und → Fliegen (Kunstfliegen).

L

LACHS

Der atlantische Lachs galt viele Jahre als verschwunden und ist heute wieder vereinzelt im Salz- und Süßwasser anzutreffen. Die in Nord- und Ostsee beheimateten Fische steigen als Winterlaicher in Flüsse und Bäche auf. In Deutschland sind sie ganzjährig geschont. In Skandinavien, Irland, Frankreich und Großbritannien werden sie sowohl in Flüssen und Bächen als auch beim küstennahen → Spinn-, → Schlepp-, und → Fliegenfischen gefangen. Lachse werden über einen Meter lang und mehr als 20 Kilo schwer. Sie sind sowohl als Sport- wie auch als Speisefische hoch geschätzt.

Mittels eines Lip-Grips gelandeter Wels

Beim Spinnfischen sollte man stets eine Lösezange mit sich führen.

LACHSFORELLE
mit roten Futterzusätzen gemästete → Regenbogenforelle, die in vielen kommerziellen Angelteichen zu finden ist und heute fälschlicherweise von vielen Anglern als eigenständige Fischart angesehen wird.

LANDEN
aus der Jägersprache entlehnter Ausdruck, der die Anlandung, also das Aus-dem-Wasser-befördern, eines Fisches meint. Zum Landen werden meist → Unterfangkescher oder → Lip-Grip (Landezange) eingesetzt. Erfahrene Angler landen → Raubfische zuweilen mit der Hand (→ Handlandung).

LANDEZANGE
(Lip-Grip), auch Fischgreifer genannt. Beim Lip-Grip handelt es sich um eine Greifzange zum → Landen von → Raubfischen. Mit ihr wird der Unterkiefer eines Fisches nach dem → Drill umschlossen und er kann so aus dem Wasser gehoben werden (englisch: Lip-Grip = Lippengriff). Ungeübte Angler sollten besser einen → Unterfangkescher wählen, denn Lip-Grips sind nicht einfach zu handhaben.

LAUFPOSE
(Laufschwimmer), ein → Schwimmer zum Befischen tieferer Gewässerschichten. Laufschwimmer gleiten an zwei Ösen oder mittels einer durchgängigen Führung auf der Schnur und werden durch einen → Stopper in der gewünschten Tiefe angehalten. Sie ermöglichen das Befischen tiefer Gewässer mit kurzen Ruten.

LIFTMETHODE

eine Methode des → Grundangelns auf → Friedfische, bei der ein Schwimmer nur mit seinem unteren Ende (zumeist an der unteren Öse) auf der → Hauptschnur befestigt wird. Auf das Vorfach kommt ein einzelnes → Bleischrot, sodass Haken und Blei am Grund ruhen. Bei einem Biss wird die Schnur entlastet und der Schwimmer richtet sich auf.

LÖSEZANGE

Mehrzweckzange, die in ihrer Form an eine Medizinische Arterienklemme erinnert und neben dem Lösen von → Drillingen aus dem Fischmaul auch zum Andrücken von → Bleischroten verwendet werden kann.

LOTBLEI

(Grundsucher), ein Bleigewicht, das an den Angelhaken gesteckt wird und die Posenmontage unter Wasser zieht. Man verstellt den → Schwimmer bzw. den → Stopper so lange, bis er an der Oberfläche aufrecht im Wasser steht. So weiß man, dass der Haken den Gewässergrund erreicht hat und kann mit ihm in beködertem Zustand grundnah angeln.

EXTRA-TIPP
In stehenden Gewässern sollten Ansitzangler stets das dem Wind zugewandte Ufer beangeln, denn dort ist das Wasser nicht nur sauerstoffreicher, sondern mit dem Wind wird auch Nahrung für die Fische angetrieben.

LURE

im Englischen (und zunehmend auch im Deutschen) eine Sammelbezeichnung für → Spinnköder. (englisch: Lure = Verführung).

Bachforellen zählen zu den beliebtesten Zielfischen der Fliegenfischer.

M

Nicht eben appetitlich, aber fängig: Maden

MADEN

Larven der Stubenfliege. Maden sind ein klassischer und sehr gute Köder zum Fang von → Friedfischen. Sie werden als Hakenköder an der → Stipp- und → Feederrute verwendet und – unter das → Grundfutter gemengt – auch als Köder zum → Anfüttern verwendet.

MADENKLEBER

Pulverförmiger Klebstoff, der über feuchte → Maden gestreut wird und diese zu Klumpen verbindet. Madenkleber wird überall dort eingesetzt, wo die Strömung einzelne zum → Anfüttern verwendete Maden abtreiben würde. Im Wasser löst sich der Kleber sehr schnell auf und setzt die Maden wieder frei.

MADENKORB

mit kleinen Löchern versehene Kunststoffröhre, die mit → Maden befüllt wird und dann wie ein → Futterkörbchen eingesetzt wird.

MAIS

(Dosenmais), Köder zum Fang von → Friedfischen. Einzelne Maiskörner sind gute Köder an der → Stipp- und

Sowohl beim Fliegenfischen als auch beim Spinnangeln zählen kapitale Meerforellen zu den Traumfischen der meisten Angler.

Feederrute. Mehrere Maiskörner haben sich als Köder für → Karpfen seit Jahren einen Namen gemacht.

MAISKETTE

eine Reihe von Dosenmaiskörnern, die mittels einer → Ködernadel auf einem → Haarvorfach (Haarmontage) zum Fang von → Karpfen, → Schleien oder großen → Brassen angeboten wird. Oft werden sie aus gefärbten Körnern gemacht.

MATCHRUTE

sensible → Wurfrute mit überdurchschnittlich vielen – aber kleineren – Ringen. Matchruten werden zum Angeln auf → Friedfische (hauptsächlich → Brassen, → Rotaugen und → Schleien) eingesetzt. Gefischt wird mit der → Pose und sehr feinem Gerät vom Ufer aus. Stehen die Fische weit draußen, kommen häufig auch Weitwurfposen (→ Waggler) zum Einsatz.

MEERFORELLE

Die Meerforelle gilt als Stammform aller mitteleuropäischen Forellen (also der → Bach- und → Seeforellen). Die in Nord- und Ostsee beheimateten Fische steigen als Winterlaicher in Flüsse und Bäche auf. Zumeist werden Meerforellen beim küstennahen → Spinn-, → Schlepp-, und → Fliegenfischen gefangen. Die Fische werden über einen Meter lang und bis zu 15 Kilo schwer.

MEHLWURM

Larve des Mehlkäfers. Mehlwürmer werden hauptsächlich im Herbst und Winter zum Fang von → Rotaugen, → Barschen und → Regenbogenforellen an der Stipp- und Feederrute verwendet. Im Sommer sind sie gute Aalköder. Wegen ihrer empfindlichen Hülle sollten sie nur auf sehr dünne Angelhaken gesteckt werden.

MEPPS

renommierter Französischer Hersteller von → Kunstködern, insbesondere → Spinnern.

MINDESTMASS

Um den Fischbestand in einem Gewässer zu schützen, wurden für viele Fischarten Mindestmaße eingeführt. Das Mindestmaß soll ermöglichen, dass ein Fisch vor der Entnahme mindestens einmal abgelaicht hat.

MINIWOBBLER

kleine → Wobbler, die zwischen zwei und vier Zentimeter lang sind. Sie imitieren die Fischbrut oder größere Insekten und sind im Frühjahr und Sommer sehr gute → Spinnköder

Miniwobbler sind sehr gute Köder für Barsche.

Minnow-Spinner

für fast alle → Raubfische und → Salmoniden. Für ihren Einsatz ist sehr leichtes Gerät erforderlich. Sie sind somit Köder für Angler mit viel Erfahrung beim → Drill.

MINNOW
Bezeichnung für einen schlanken und länglichen Wobbler (englisch: minnow = Elritze).

MINNOW-SPINNER
Kombiköder aus Spinner und Gummifisch.
Der am Spinner angebrachte Gummifisch wirkt als eine Art Kiel und gibt dem Köder so einen Geradeauslauf. Allerdings sind nur solche Kombiköder fängig, die von namhaften Herstellern (z. B. von → Mepps) produziert werden. Billigprodukte laufen oft nicht sauber.

MONOFILE SCHNUR
„Gewöhnliche" und aus einem Faden bestehende Angelschnur wird als monofile Schnur bezeichnet.
Sie hat im Vergleich zur wesentlich teureren, → geflochtenen Schnur bei gleicher Tragkraft einen weit höheren Durchmesser, ist elastisch (→ Dehnfähigkeit) und sollte nur in nassem Zustand geknotet werden (→ Nassknotenfestigkeit).

MONTAGE
die an der → Hauptschnur angebrachte bzw. mit der Hauptschnur verbundene Kombination von Kleinteilen und Ködern (→ Schwimmer, → Spinnköder, → Wirbel, → Vorfach usw.). Man spricht dann von sog. Schwimmermontagen, Spinnmontagen aber auch von auf → Zielfische (z. B. → Karpfen oder → Zander) ausgerichtete Montagen.

CHECKLISTE STIPPEN
Was man auf keinen Fall daheim vergessen sollte: Kopfrute, Vorfachhaken (Größe, 12 bis 18), Bleischrote, Schwimmer, Posen, monofile Schnur (Stärke 0,10 bis 0,18), Lotblei (Grundsucher), Unterfangkescher, Setzkescher (wo erlaubt), Sitzgelegenheit (am besten Sitzkiepe), Maden, Grundfutter, Teig.

MORMYSCHKA
sehr kleiner → Jig, der ursprünglich aus Osteuropa stammt und ein vorzüglicher Köder beim → Eisangeln ist. Mormyschken werden mit leichten Zupfbewegungen aus dem Handgelenk geführt und können zusätzlich mit → Maden beködert werden.

MULTIROLLE
Abkürzung für Multiplikatorrolle. Multirollen gibt es als schwere Modelle für das → Big Game Fishing und in leichten Ausführungen für das → Spinnfischen. Leichte Multirollen sind Wurfrollen und verfügen über eine Schnurführung. Anders als Stationärrollen sitzen sie oben auf dem Rutengriff, was ihre Handhabung besonders für Angler, die zuvor an Stationärrollen gewöhnt waren, erschwert. Gute Multirollen haben eine Übersetzung von bis zu 8,5:1.

MUSKY-KILLER
extrem große Spinner, die in den USA zum Angeln auf Muskies (eine Hechtgattung) eingesetzt werden und seit einigen Jahren auch in Europa als Spinnköder zum gezielten Fang von großen → Hechten eingesetzt werden.

Döbel zählen aufgrund ihrer Kampfkraft zu den beliebtesten Sportfischen.

N

NACHLÄUFER

→ Raubfische, die einen → Spinnköder bis ans Ufer bzw. Boot verfolgen, ohne ihn zu attackieren. Wenn man seinen Spinnköder auf den letzten Metern beschleunigt, greifen Nachläufer oft noch zu.

NACHTANGELN

Angeln bei Dunkelheit auf nachtaktive Fische. Früher angelte man fast ausschließlich mit am Grund angebotenen → Wurmködern oder → Köderfischen auf → Aale; heute fischen viele Angler auch mit → Boilies auf →

Ein beim nächtlichen Spinnfischen gefangener Hecht

Dieser kleine Zander biss auf einen No Action Shad.

Karpfen, mit anderen Naturködern auf → Raub- und → Friedfische oder angeln mit → Kunstködern auf Raubfische. Der Nachtangelplatz sollte unbedingt bereits im Hellen ausgesucht und eingerichtet werden.

NASSKNOTENFESTIGKEIT

die tatsächliche Tragkraft einer Angelschnur am Knoten. Eine Schnur hat nur so viel Tragkraft, wie ihre schwächste Stelle, deshalb muss beim Knotenbinden die Schnur mit Wasser oder Speichel angefeuchtet werden, um eine Beschädigung durch Reibungshitze beim Zuziehen des Knotens zu vermeiden.

NO ACTION SHAD

→ Gummifische (Shads), die sich durch ein besonders träges Führungsspiel (→ Aktion) auszeichnen und somit zumeist im Spätherbst oder Winter eingesetzt werden, wenn die → Raubfische in ihrem Stoffwechsel eingeschränkt sind und schnell geführte oder lebhaft arbeitende → Spinnköder nicht verfolgen. No Action Shads erkennt man an ihrer relativ harten Gummimischung.

NOTTINGHAMROLLE

einfache Achsenrolle, die einer → Fliegenrolle ähnelt und deren Spule senkrecht zur Rute angeordnet ist. Nottinghamrollen haben eine Übersetzung von 1:1 und dienen allein als Schnurreservoir; mit ihnen kann man nicht auswerfen. Heute schätzen einige Angler diese Klassiker, weil sie im → Drill einen direkten Kontakt zum Fisch bieten.

EXTRA-TIPP
Überall dort, wo sich am Ufer Laternen befinden, lohnt das nächtliche Angeln auf Weißfische – nicht auf Aale!

O

OFFSET-HAKEN

ein Angelhaken mit einem auf dem Schaft befindlichen z-förmigen Versatz (englisch: offset = Versatz), der zur Aufnahme von → Gummiködern (hauptsächlich → Creaturebaits) beim → Finesse-Angeln dient.

Schöne Meerforelle auf einem Watkescher

P

PARTIKELKÖDER

Köder zum Fang von → Friedfischen. Als Partikel bezeichnet man eingeweichte bzw. gekochte Nüsse und Getreidekörner, die entweder als Hakenköder oder zum → Anfüttern verwendet werden. Klassische Partikelköder sind (zuvor in Wasser eingeweichter) Hartmais, Hanf, Weizen, Erbsen und → Tigernüsse. Oft werden diese Partikel unter das → Grundfutter gemischt.

PATERNOSTER

(Paternostersystem), Seitenarmsystem mit zumeist drei bis sechs Haken. Paternoster mit Federhaken werden häufig zum Makrelenangeln von Kuttern aus verwendet. Mit → Fliegen versehene Paternoster werden aber auch zum Fang von → Saiblingen und → Renken in alpinen und voralpinen Seen eingesetzt (→ Hegene).

PELLETS

gepresstes Lockfutter bzw. Köder. Es gibt sie in verschiedenen Formen, Größen und Geschmacksrichtungen. Je nach Festigkeit lösen sie sich mehr oder weniger schnell im Wasser auf und verbreiten dabei eine Lockstoff- bzw. Aromawolke. Schnell lösliche Pellets setzt man zum → Anfüttern ein, langsam lösliche werden wie → Boilies an → Haarmontagen angeboten. Meist fängt man mit ihnen → Karpfen und → Welse.

PIANO WIRE

starkes → Stahlvorfach aus einem durchgängigen Draht, der nicht gewickelt ist.

PILKER

meist schwerer (30 bis 500 Gramm), stangenförmiger → Kunstköder aus Metall, der zum Meeresangeln vom Boot bzw. Kutter verwendet wird. Zielfische beim Angeln mit Pilkern sind Dorsche, Lengfische, Pollacks und zuweilen auch Hornhechte.

PILKEN

beim Meeresangeln ausgeübte Methode zum Fischen mit → Pilkern von Angelkuttern aus. Dabei werden die Pilker hebend und senkend in Grundnähe geführt. Auf der Luvseite des Kutters verwendet man schwerere Pilker als auf der Leeseite, um ein Ineinandergeraten der zahlreichen Angelschnüre auf einem

Mietkutter zu vermeiden. Das Fischen mit leichten Pilkködern im Süßwasser (→ Vertikalangeln) wird häufig auch als Pilken bezeichnet, unterscheidet sich aber vom eintönigen Auf und Ab des klassischen Pilkens erheblich.

PINKIES

kleine → Maden der Goldfliege, die sich – weil kleiner als gewöhnliche Maden (von der Stubenfliege) – sehr gut zum Fang von Kleinfischen eignen oder als Bestandteile von → Cocktailköder dienen. Sie sind auch gute Köder für den Winter.

POLARISATIONSBRILLE

(Polbrille), eine Sonnenbrille, die einen Großteil der Sonnenspiegelung auf der Wasseroberfläche aufhebt und so (besonders beim → Spinn- und → Fliegenfischen) hilft, Fische im Wasser auszumachen.

POLENTA

(Maismehlteig), sehr guter Köder zum Fang von → Karpfen und → Schleien. Zutaten: Maismehl, Wasser sowie Aromastoffe (z. B. Vanillezucker). Zubereitung: Wasser auf kleiner Flamme köcheln lassen und das Maismehl, mit einem Kochlöffel rührend, so lange hinzugeben, bis eine zähe Masse entsteht. Aromastoffe hinzufügen und gut auskühlen lassen. Der Teig eignet sich besonders für weite Würfe.

POPPER

extrem flach laufender → Wobbler mit integrierter (sehr kleiner und meist kreisrunder) Tauchschaufel. Popper sind klassische Spinnköder für den Sommer und werden dicht unter der Wasseroberfläche ruckartig (→ Twitchen) geführt.

POP-UP-BOILIE

schwimmender Boilie, der meist über stark verschlammtem Gewässergrund eingesetzt wird.

PUMPEN

eine Methode zur Ermüdung kapitaler Fische im → Drill. Die gehakten Fische werden durch Heben und Senken der Rute gedrillt, wobei nach dem Absenken die durch das Heben gewonnene Schnur aufgerollt wird. Zum Pumpen eignen sich → Multirollen besser als → Stationärrollen.

PVA

Abkürzung für Polyvinylalkohol. Ein im Wasser binnen weniger Minuten lösliches Material, das als Schnur oder Beutel im Handel ist. An PVA-Schnur kann man z. B. → Boilies aufziehen, sie an den Haken knoten und so direkt neben dem Hakenköder anfüttern.

Popper

R

RACHENSPERRE

Hilfsgerät aus Metall, das in das Maul von → Hechten eingesetzt wird, um beim Hakenlösen die Hände des Anglers vor Verletzungen zu schützen. Heute gelten Rachensperren als nicht waidgerecht (→ Waidgerechtigkeit) und werden nur noch selten verwendet. An manchen Gewässern ist ihr Einsatz, einhergehend mit dem Verbot lebender Köderfische, nicht gestattet.

RAPALA

ein nach seinem finnischen Erfinder Lauri Rapala benannter → Wobbler. Heute vertreibt die Firma Rapala eine Vielzahl unterschiedlicher Wobbler und gilt als eine der renommiertesten Kunstködermarken der Welt. In vielen Ländern ist Rapala auch ein Synonym für Wobbler.

RAPFEN

in Süddeutschland auch Schied genannt. Rapfen gehören, neben → Döbeln und → Alanden zu den Süßwasserfischarten, die weder reine → Raub- noch → Friedfische sind. Sie werden sowohl beim → Ansitzangeln als auch von → Spinn- und → Fliegenfischen gefangen. Rapfen mögen fließendes Wasser und lassen sich mit der Spinnrute hervorragend befischen. Besondere Kennzeichen: langgestreckter, seitlich leicht zusammengedrückter Körper, silbernes Schuppenkleid, weite Maulspalte und vorstehender Unterkiefer. Im Durchschnitt sind Rapfen 45 bis 50 cm lang, kapitale Exemplare werden bis 90 cm lang und neun Kilo schwer. Rapfen beißen das ganze Jahr hindurch. Beste Fangzeit für kapitale Fische ist der Sommer. Fangplätze: Rapfen leben in fast allen größeren Flüssen und Kanälen. In einigen süddeutschen Seen kommen sie vereinzelt vor und werden dort zumeist in der Nähe von Bacheinläufen angetroffen. Gute Fangplätze findet man in Flüssen an der Strömungskante von Buhnenfeldern, in der Hauptströmung sowie unterhalb von Wehren. Mittlere Spinnruten und → geflochtene Schnur der Stärke 0,20 mm sind ideal. Rapfen mögen schnellgeführte → Blinker, → Spinner, → Wobbler und → Rapfenbleie. Eine → Stationärrolle mit entsprechend hoher Übersetzung leistet hier gute Dienste.

Aufgrund ihres aggressiven Beißverhaltens stehen Rapfen bei Anglern hoch im Kurs

RAPFENBLEI

ein zum gezielten Fang von → Rapfen entwickelter → Spinnköder, der aus einem Bleigewicht und einem → Drilling besteht. Der Köder wird mit sehr hohem Tempo dicht unter der Wasseroberfläche geführt und verleitet nur selten andere → Raubfischarten zum Biss.

RATTLE BAITS

→ Spinnköder (meist → Wobbler) die während des Einzuges lautstarke Geräusche von sich geben. Meist sind sie mit Rasseln gefüllt.

RAUBFISCH

Als Raubfische werden alle Fischarten bezeichnet, die sich von anderen Fischen, Amphibien, Wasservögeln oder kleineren Säugetieren ernähren. Zu erkennen sind Raubfische (außer → Döbel, → Aland und → Rapfen, die nicht explizit zu den Raubfischen gezählt werden, sondern eine Sonderstellung zwischen Raub- und → Friedfisch einnehmen) an ihren bezahnten bzw. sandpapierrauen Kiefern. Zu den in mitteleuropäischem Süßwasser vorkommenden Raubfischen zahlen → Aal, → Hecht, → Zander, → Barsch, → Wels sowie größere → Lachse, → Saiblinge und → Forellen.

RAUPEN

Raupen sind im Sommer sehr gute Köder für → Döbel und → Weißfische. Allerdings verleiten meist nur die an den Gewässerrändern vorkommenden Raupenarten Fische zum Biss.

RAUSCHE

Als Rausche bezeichnet man den wellenförmigen Verlauf eines flachen Fließgewässers. Rauschen sind beliebte Standplätze von → Forellen und → Äschen.

Regenbogenforelle

REGENBOGENFORELLE
ursprünglich von der westamerikanischen Küste stammende Forellenart. Regenbogenforellen wurden in Mitteleuropa in der zweiten Hälfte des 19. Jahrhunderts zunächst als Speisefisch angesiedelt. Besondere Kennzeichen: schlanker, länglicher Körper mit bunter Färbung, entlang der Seitenlinie ein roter Streifen (der sog. Regenbogen). Die Fische laichen in Europa nur sehr selten als Winterlaicher ab. Fast alle in europäischen Gewässern vorkommenden Regenbogenforellen stammen aus Teichwirtschaften und werden als Besatz eingebracht. Im Durchschnitt sind die Fische 25 bis 30 cm lang, kapitale Exemplare werden bis zu einem Meter lang und elf Kilo schwer. Regenbogenforellen beißen das ganze Jahr hindurch. In Flüssen mögen sie die sauerstoffreichen Abschnitte in der Nähe der Hauptströmung. In Seen schätzen sie das Freiwasser. Wassertemperaturen von mehr als 25 Grad C vertragen sie nicht. Gerät und Köder: Naturköder wie → Maden, → Würmer und kleine Köderfische, aber auch mit Spinnködern und → Kunstfliegen. Leichte bis mittlere Ausrüstung und monofile Schnüre der Stärken 0,20mm bis 0,25mm sind völlig ausreichend.

REGENWURM
Sammelbegriff für die in Europa vorkommenden Ringelwurmarten. Der zu den Regenwürmern gehördende → Tauwurm zählt zu den beliebtesten Wurmködern. In → Wurmkisten halten sich Regenwürmer über viele Wochen.

REIZVORFACH
→ Stahlvorfach mit kurzen Seitenarmen aus → monofiler Schnur, an denen lamettaartige Kunststoffblättchen befestigt sind.
Reizvorfächer eignen sich im Frühjahr und Sommer, wenn viel Fischbrut im Wasser ist, um den Futterneid von → Raubfischen zu wecken, denn der ans Ende des Vorfaches montierte → Spinnköder täuscht einen kleinen Raubfisch vor, der Jagd auf Minifische macht.

REIZKÖDER
Als Reizköder bezeichnet man alle künstlichen Köder zum Fang von → Raubfischen. Dazu zählen: → Spinner, → Blinker, → Wobbler, → Twister, → Shads, → Streamer, → Pilker, → Rapfenbleie usw.

REKORDFISCH
der größte in einer geografischen Region oder weltweit sportlich gefangene Fisch einer Art seit der Aufzeichnung von Fangergebnissen. Rekorde müssen von unabhängigen Stellen beglaubigt werden.

REKORDLISTE
von Anglerverbänden, Angelzeitschriften oder Anglervereinen geführte Verzeichnisse, in denen die kapitalsten gefangenen Fische eines Zeitraumes oder einer Region aufge-

Im Frühjahr und Sommer sind Reizvorfächer beim Spinnfischen stets einen Versuch wert.

Eine Renke aus dem Walchensee

listet sind. Dabei geht es nicht immer um die Auflistung der längsten oder schwersten Fische einer Art, sondern auch um das Gerät, mit dem sie gefangen wurden. So kann ein kleinerer und mit einer leichteren Schnurklasse gefangener Fisch in Rekordlisten einen höheren Rang einnehmen als ein schweres Exemplar, das mit einer höheren Schnurklasse erbeutet wurde. Der absolut schwerste Fisch (einer Art) nimmt in Rekordlisten den absoluten Spitzenplatz ein und wird als All-Tackle-Record bezeichnet. Die berühmteste Rekordliste wird von der → IGFA geführt; daneben gibt es aber auch andere Rekordlisten wie z. B. die Fischhitparade der Angelzeitschrift Blinker.

RENKE

(Maräne), Sammelname für eine zu den → Salmoniden zählende, optisch (bis auf die Fettflosse) aber eher an → Weißfische erinnernde Gruppe von Fischen, die wissenschaftlich als Corregonen bezeichnet werden und in großen, tiefen Seen (hauptsächlich des Alpen- und Voralpenlandes) zu finden sind. Man unterscheidet zwischen Schwebrenken (die sich von Plankton ernähren) und Grundrenken (zu denen auch das Bodenseefelchen zählt). Durch Besatzmaßnahmen sind die Corregonenbestände häufig so sehr vermischt bzw. verbastardiert, dass nur Fachleute die einzelnen Arten unterscheiden können. Befischt werden alle Grundrenkenformen hauptsächlich mit der → Hegene. Beste Angelzeit ist von April bis Oktober. Die Fische werden bis zu 70 Zentimeter lang und sechs Kilo schwer.

RIG
neudeutsche Bezeichnung für die → Montage (englisch: rig = Takelage)

RINGE
(Schnurlaufring), an Ruten (außer an → Kopfruten) angebrachte Laufringe, durch welche die Schnur gezogen wird. Ringe dienen zum Auswerfen der Schnur und verbinden Rute und Schnur, was für die → Aktion der Rute wichtig ist. Besonders der an der Rutenspitze befindliche, der sog. Spitzenring, wird beim Angeln stark belastet und sollte in regelmäßigen Abständen auf Beschädigungen (Einkerbungen, Kratzer) untersucht werden.

RINGE
Als Ringe werden kreisrunde Wasserbewegungen bezeichnet, die entstehen, wenn Fische Oberflächennahrung aufnehmen. Ringe sind beim Fliegenfischen ein wichtiges Indiz für den Aufenthaltsort von Fischen, die nach Flugnahrung (ins Wasser gefallene Insekten) steigen.

ROD POD
zusammensteckbarer und stabiler Rutenständer (→ Rutenhalter) zum gleichzeitigen Ablegen von zwei oder mehr Grundruten. Rod Pods

Angler mit Schuppenkarpfen vor einem Rod Pod

kommen meist beim langandauernden → Ansitzangeln auf → Karpfen oder → Raubfische zum Einsatz (englisch: rod pod = Rutensockel).

ROLLE

Oberbegriff für alle Angelrollentypen. Mit dem Begriff Rolle meint der Angler entweder eine → Achsen- bzw. Nottingham-, → Stationär-, → Freilauf-, → Kapsel-, → Multi-, → Fliegen- oder → Baitcasterrolle.

ROLLBLEI

ein rundes → Grundblei, das schwer genug ist, um den Grund zu erreichen, aber leicht genug ist, von der Strömung mitgetragen zu werden. Mit Rollbleien fischt man zumeist auf → Aale oder → Barben in größeren Bächen und kleineren Flüssen.

ROLLENBREMSE

Stellschraube an der → Rolle, mittels derer man die Zugkraft regulieren kann. Die richtige Justierung der Rollenbremse ist entscheidend, um einen Fisch daran zu hindern, die Schur zu durchreißen (zu feste Bremse) sowie den → Drill nicht unnötig zu verlängern (zu lockere Bremse).

ROTAUGE

in Ostdeutschland auch Plötze genannt, ist ein mitteleuropäischer Süßwasserfisch und kommt sowohl in mäßig fließenden als auch in stehenden Gewässern vor. Während kleinere Rotaugen relativ einfach zu fangen sind, muss für den Fang größerer Fische schon etwas Geduld und Vorbereitung aufgewendet werden. Reichliches → Anfüttern ist der

Rotauge

Bootsrutenhalter beim Schleppfischen

Schlüssel zum Erfolg. Die roten Augen geben dem Fisch seinen Namen. Das Schuppenkleid ist silbrig, die Flossen dunkelrot bis braun. Die Körperform der Rotaugen kann variieren. In Flüssen ist sie meist länglichgestreckt, in Seen und Kanälen gedrungen. Im Durchschnitt sind Rotaugen 20 Zentimeter lang, kapitale Exemplare erreichen bis zu einem halben Meter und können drei Kilo schwer werden. Beste Angelzeit sind das Frühjahr und der Sommer. Spezialisten fangen in Häfen und Kanälen jedoch auch im Winter kapitale Fische. Rotaugen durchstreifen die Gewässer als Schwarmfische. Hat der Schwarm einen Futterplatz entdeckt, hält er sich hier zur Nahrungsaufnahme eine Zeit lang auf. Futterplätze sind meist Seerosenfelder oder Schilfgürtel. In Kanälen findet man die Fische am Übergang von mitteltiefem Wasser zur Fahrrinne, der sog. Scharkante. Rotaugen werden zumeist beim → Stippen oder beim → Feedern gefangen. Köder sind → Maden, → Caster, → Würmer, → Teig und → Getreidekörner (Mais, Hanf usw.).

ROTFEDER

auch Rothasel genannt, ist ein mitteleuropäischer Süßwasserfisch des Oberflächenwassers und somit ein "Sommerfisch". Ähnlich wie das → Rotauge, wird die Rotfeder meist beim → Stippen erbeutet. Selten stehen Rotfedern tiefer als einen Meter, was das gezielte → Anfüttern schwierig macht. Die Fische verraten sich an heißen Sommertagen durch ihr lautstarkes Geplätscher an der Wasseroberfläche und lassen sich durch gezieltes Anwerfen mit der flach gestellten Posenmontage recht leicht fangen. Besondere Kennzeichen: gedrungener, hochrückiger Körper mit goldenem Schuppenkleid. Die leuchtend roten Flossen geben dem Fisch seinen Namen und unterscheiden ihn von seinem nahen Verwandten, dem Rotauge. Rotfedern sind im

Durchschnitt 20 bis 30 cm lang, kapitale Exemplare werden bis 50 cm lang und drei Kilo schwer. Beste Angelzeit: im Frühjahr und Sommer während der Mittagsstunden bei Sonnenschein. Fangplätze: Rotfedern durchstreifen die Oberflächenregionen und das Mittelwasser als Schwarmfische. Sie erscheinen blitzschnell an der Angelstelle und sind ebenso rasch wieder verschwunden. Mit ein paar eingeworfenen Brotkrumen oder Haferflocken lässt sich ihre Verweilzeit allerdings verlängern. Sie scheinen rein vegetarischen Ködern gegenüber recht aufgeschlossen zu sein. → Teig und → Schwimmbrot ist somit gegenüber → Maden und → Wurmködern der Vorzug zu geben. Neben der → Stipprute kommt vor allem eine leichte → Wurfrute zum Einsatz, da die Fische mitunter auch in erheblicher Entfernung zum Ufer unter der Wasseroberfläche kreuzen.

RUN

Ausdruck aus der englischen Karpfenanglerszene (englisch: run= Lauf). Der Begriff umschreibt den schnellen Schnurabzug eines auf eine Selbsthakmontage gebissenen Fisches.

RUN CLIP

Einklemmvorrichtung für die Schnur in der Nähe des Rutengriffs. Ein Run Clip dient dazu, die → Hauptschnur mittels einer Schlaufe leicht zu fixieren. Erfolgt ein Biss mit Schnurabzug von der Rolle, springt die Schnur aus dem Clip und kann ungehindert ablaufen. Meist werden Run Clips in Verbindung mit → Kletteraffen verwendet.

RUTENHALTER

Vorrichtung zur Ablage von Ruten beim → Grundangeln. Meist sind sie gabelförmig und mit einem Erdspieß versehen. Rutenhalter kommen aber auch beim → Schleppangeln vom Boot aus zum Einsatz und werden dann Bootsrutenhalter genannt.

RUTTE

(Quappe), nachtaktive Fischart, die früher in Forellenbächen als Laichräuber und Schädling galt. Der länglich gestreckte Körper ist dunkelbraun marmoriert. Am Unterkiefer findet sich ein langer Bartfaden, am Oberkiefer ein kurzer. Quappen sind durchschnittlich 30 bis 50 Zentimeter lang. Kapitale Exemplare können bis zu einem Meter erreichen. Am Grund angebotene → Tauwürmer und → Fetzen sind (besonders in Winternächten) gute Quappenköder.

RYDERHAKEN

nach seinem Erfinder benannter → Einzelhaken mit kleinem, zusätzlichem Haken. Der kleine Haken dient dazu, in einen → Köderfisch oder Fetzen gestochen zu werden, sodass der eigentliche Haken außen am Köder liegt. Ryderhaken sind besonders beim Angeln auf → Zander beliebt.

S

Seesaibling

SAIBLING

(Bach- und Seesaibling), Saiblinge zählen zu den → Salmoniden und kommen als Bachsaiblinge in klarem, kaltem und fließendem Gewässer sowie als Seesaiblinge in stehendendem, kaltem und tiefem Wasser (Alpen- und Voralpenseen) vor. Bachsaiblinge stammen ursprünglich aus Nordamerika und wurden Ende des 19. Jahrhunderts in Europa erstmals eingesetzt. Befischt werden beide Arten hauptsächlich mit der Spinn- und Fliegenrute. Beste Angelzeit ist die Zeit von April bis September. Während Seesaiblinge über 50 Zentimeter lang und drei Kilo schwer werden können, sind Bachsaiblinge mit 40 Zentimetern und 1,5 Kilo als kapital zu bezeichnen.

SALMONIDEN

Alle lachsartigen Fische zählen zur Gruppe der Salmoniden. In mitteleuropäischen Gewässern sind dies: → Lachs, → Forelle, → Saibling, → Äsche und alle felchenartigen Fische → Renken (Maränen). Merkmal aller Salmoniden ist eine kleine Fettflosse zwischen Rücken- und Schwanzflosse. Beide Arten stellen hohe Ansprüche an die Wasserqualität.

SBIROLINO

(Bombarde), Schnurbeschwerer aus Kunststoff, der dem beißenden Fisch wenig Widerstand entgegenbringen soll und meist an kommerziellen Forellenteichen eingesetzt wird. Sbirolinos werden wie → Grundbleie auf die → Hauptschnur gezogen und dienen beim Schnureinholen dazu, den Köder (→ Maden oder → Forellenteig) in einer bestimmten Wassertiefe zu halten. Das Angeln mit Sbirolinos wird als Schleppen bezeichnet, hat aber mit klassischem → Schleppangeln nichts gemein.

SCHAUFELLOSE WOBBLER

→ Wobbler mit integrierter (meist in den Wobblerkörper hineingeschnittener), sehr kleiner Tauchschaufel. Diese Modelle laufen sehr dezent und eignen sich daher hervorragend zum Einsatz an Gewässern mit hohem → Angeldruck.

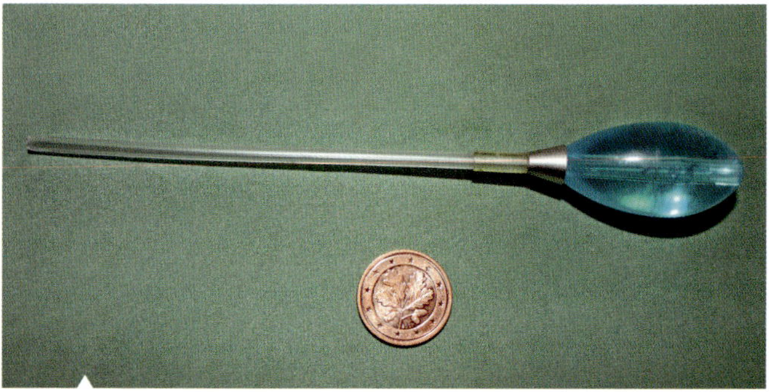

Sbirolino

Dieser Aland biss auf einen schaufellosen Wobbler.

Schleien sind launisch und lassen sich nicht leicht überlisten.

SCHLEIE

→ Friedfisch, der langsam fließende und stehende Gewässer bevorzugt und wegen seines oft zögerlichen Beißverhaltens als → Zielfisch für Spezialisten gilt. Kennzeichen: dunkelgrüne Farbe, kräftig gebauter Körper, kleine Schuppen sowie zwei kleine Barteln. Im Durchschnitt sind sie 20 bis 30 Zentimeter lang; kapitale Exemplare werden bis 60 Zentimeter lang und vier Kilo schwer. Beste Angelzeit: Im Frühjahr und Sommer in den frühen Morgen- und späten Abendstunden. Gute Köder, die stets am Grund liegend angeboten werden müssen, sind → Tauwürmer, → Maden und → Mais.

SCHLEIENBOILIES

kleine → Boilies, die im Vergleich mit Boilies, die für → Karpfen bestimmt sind, etwas weicher gekocht werden. Schleienboilies werden meist an der → Haarmontage angeboten und sind auch sehr gute Köder für → Döbel und → Barben.

SCHLEPPANGELN

(Schleppen), Angelmethode, bei der ein → Spinn- oder Naturköder (meist ein → Köderfisch am → System) hinter einem Motor- oder Ruderboot in mäßigem Tempo gezogen wird. So ist der Köder erstens, wie beim → Spinnfischen, in Bewegung und man kann zweitens große Wasserflächen nach → Raubfischen absuchen. Geschleppt wird meist auf Seen oder vor Meeresküsten.

SCHNEEMANN

Kombination aus einem herkömmlichen → Boilie und einem schwimmenden → Pop-Up-Boilie.

SCHNURPERÜCKE

eine Verwicklung der Schnur. Perücken kommen meist dann zustande, wenn der Angler unkonzentriert wirft oder der Wind in die Schnur schlägt. Solche Verwicklungen lassen sich reduzieren, indem man die → Stationärrolle nicht ganz bis zum Spulenrand mit Schnur bewickelt.

SCHONHAKEN
Angelhaken ohne Widerhaken, der meist dann eingesetzt wird, wenn die Fische zurückgesetzt werden sollen.

SCHONZEIT
eine meist mehrere Monate umspannende Frist, in welcher der Fang bzw. die Entnahme einer Fischart verboten ist (→ Artenschonzeit). Neben der Artenschonzeit gibt es noch generelle Schonzeiten, wie etwa die → Frühjahrsschonzeit, innerhalb deren die Angelei an einem Gewässer grundsätzlich untersagt ist.

SCHWAMMKOPPE
aus Naturschwamm oder Kunststoff hergestellte Imitation einer Koppe, die seit vielen Jahrzehnten in den Staaten des ehemaligen Jugoslawien zum → Spinnfischen auf → Salmoniden verwendet wird. Wegen ihrer Ähnlichkeit mit → Grundeln sind Schwammkoppen heute auch in von Grundeln überbevölkerten Gewässern (→ Grundelproblematik) sehr gute Köder.

SCHWIMMBROT
Köder zum Fang von → Friedfischen. Brotrinde oder Stücke von Brötchen (Semmeln) werden dabei auf der Wasseroberfläche schwimmend an einem an die → Hauptschnur geknüpften → Einzelhaken ohne weitere → Montage angeboten.

SCHWIMMER
(Pose), → Bissanzeiger, der auf die → Hauptschnur gezogen und mit → Bleien bzw. → Bleischroten so lange austariert wird, bis er aufrecht im Wasser steht. Schwimmer zählen zu den klassischsten Hilfsmitteln und tauchen beim Biss ab. Daneben halten sie den Köder in der gewünschten Wassertiefe. Es gibt sie als auf der Schnur feststehende Modelle (feststehende Schwimmer) und als → Laufposen. Für das Angeln in fließenden und stehenden Gewässern werden unterschiedliche Formen hergestellt.

SCHWINGSPITZE
an der Rutenspitze angebrachte Verlängerung aus weichem Kunststoff, die als → Bissanzeiger beim → Grundangeln fungiert und sich bei einem Biss hebt oder senkt.

SEEFORELLE
eine in alpinen und voralpinen Seen lebende Form der → Bachforelle. Optisch unterscheidet die Seeforelle

CHECKLISTE ANSITZANGELN
Was man auf keinen Fall daheim vergessen darf: Grundruten mit Stationärrollen, unterschiedliche Schwimmer (Posen), Grundbleie, Stehaufmännchen, Vorfachhaken (bzw. Stahlvorfächer und Haken), Bleischrote, Unterfangkescher, Setzkescher, Köder für die Zielfischart (z.B. Maden, Teig, Grundfutter etc. für Friedfische, Köderfische für Raubfische), eine bequeme Sitzgelegenheit, Regenkleidung.

sich von der Bachforelle durch ihren silbernen Körper, auf dem statt der für Bachforellen typischen roten Tupfer zumeist kleine, schwarze Flecken bzw. Sternchen zu sehen sind. Seeforellen wachsen zu wahren Riesen heran und können bei über einem Meter Länge bis zu 25 Kilo auf die Waage bringen. Sie sind Herbst- bzw. Winterlaicher und steigen zum Laichgeschäft in Bäche auf. Seeforellen werden von Spezialisten mir tieflaufenden Blinkern und Köderfischen am System beangelt.

SEGELPOSE

→ Schwimmer (Pose) mit einem segel- oder pfeilähnlichen Aufsatz. Segelposen werden in stehenden Gewässern bei Wind eingesetzt, um beim Angeln mit → Köderfischen große Wasserflächen nach → Raubfischen abzusuchen. Am besten kombiniert man sie mit → geflochtener Schnur, weil diese schwimmt.

SEITENARM

ein meist mittels eines → Dreiwegewirbels mit der Hauptschnur verbundenes Stück (dünnerer) Schnur, an dem ein → Birnenblei angebracht ist. Seitenarme dienen als Sollbruchstellen im Falle eines → Hängers, denn so geht nur das Grundblei und nicht die komplette → Montage mit u. U. daran hängendem Fisch verloren.

SETZKESCHER

fälschlicherweise oft als Reuse bezeichnetes, aus Nylon oder Draht gefertigtes Behältnis zur → Hälterung gefangener Fische am Angelplatz. Setzkescher werden heute nur noch selten verwendet und sind in vielen fließenden Gewässern nicht gestattet, weil dort die Fische in ihnen von der Strömung oder durch vorbeifahrende Schiffe hin und her geschleudert werden. In Modellen aus Draht sollten nur Aale gehältert werden.

Angler mit Stippruten auf einer Sitzkiepe. Im Wasser sind die Setzkescher zu sehen.

Verschiedene Shads

SHAD

(Gummifisch), in Form eines Fischchens gegossener → Gummiköder, der wie ein → Twister auf einen → Bleikopfhaken gesteckt und zum → Spinnfischen auf → Raubfische eingesetzt wird. Shads werden hauptsächlich zum grundnahen Fang von → Zandern und → Hechten verwendet und haben im Vergleich zu anderen → Spinnködern eine relativ langsame → Aktion.

SITZKIEPE

Kombination aus Sitzgelegenheit und Gerätebox. Angler schätzen Sitzkiepen besonders beim → Stippen und → Feederangeln.

SOFTBAITS

Sammelbezeichnung für alle → Spinnköder aus Weichplastikmaterialien (meist → Twister und → Gummiköder). Softbaits werden von → Hardbaits (→ Blinker, → Wobbler, → Spinner) unterschieden.

SPINNER

Kunstköder und gleichzeitig Namensgeber der Angelmethode → Spinnfischen. Ihr Vorteil liegt in einer zweifachen Reizwirkung. Zum einen werden sie von den → Raubfischen optisch wahrgenommen und zum anderen vermitteln sie akustische Reize, denn ihr um eine starre Achse rotierendes → Spinnerblatt erzeugt beim Einkurbeln Schwingungen, die von den Fischen mittels ihres Seitenlinienorgans wahrgenommen werden. Gewöhnlich werden Spinner in sechs Größen produziert, die von 0 bis 5 reichen. Seit einigen Jahren sind auch Riesenspinner (→ Musky-Killer) auf dem Markt.

SPINNERBAIT

→ Spinner, bei dem → Spinnerblatt und Haken parallel zueinander laufen.

SPINNERBLATT

das metallene Blatt eines → Spinners. Es gibt sie in länglichen Formen für fließendes Wasser und in runden

INFO

Spinnergrößen: 0er-Spinner werden meist zum gezielten Fang von → Forellen und → Döbeln in kleineren Fließgewässern verwendet; im Stillwasser kommen sie aufgrund ihrer geringen Größe selten zum Einsatz. Die Größen 1 bis 3 werden beim leichten → Spinnfischen auf → Barsche, → Döbel und große Forellen verwendet. 4er- und 5er-Spinner sind klassische Köder für → Hechte, verleiten aber gelegentlich auch → Seeforellen und kapitale Barsche zum Biss. Spinner sind ideale Köder für Anfänger, denn ihr Einsatz erfordert kein besonderes Köderspiel. Nach dem Auswerfen lässt man sie kurz absinken und beginnt erst dann mit dem Einkurbeln.

Spinner mit unterschiedlichen Blättern

bzw. ovalen für stehendes Wasser. Je größer das Spinnerblatt ist, umso größer erscheint dem Fisch die vorgetäuschte Beute.

EXTRA-TIPP
Je langsamer die Einhohlgeschwindigkeit eines Spinners gewählt wird, desto tiefer und ruhiger läuft er; schnelle Kurbelumdrehungen mittels der Rolle lassen ihn hingegen im Oberflächenwasser laufen. Das Spinntempo richtet sich dabei nach der gewünschten → Zielfischart. → Hechte und → Barsche mögen – besonders in der kalten Jahreszeit – langsam geführte, d. h. tief laufende und ruhig rotierende Spinner. → Forellen beißen eher auf schnell geführte Spinner. Beim Einsatz von Spinnern ist es unabdingbar, einen Wirbel mit Karabiner vor den Köder zu schalten, da Spinner ohne Wirbel Schnurdrall verursachen.

SPINNFISCHEN
aktive Angelmethode zum Fang von → Raubfischen, bei der man → Kunstköder (→ Spinner etc.) auswirft und sogleich wieder einholt (englisch: spin = drehen). So wird Raubfischen ein Beutetier (meist ein Fisch) vorgetäuscht. Wichtig ist es dabei, dem Köder durch wechselndes Einholtempo (gilt nicht für → Spinner) einen verführerischen Lauf zu verleihen.

SPINNKÖDER
als Spinnköder werden neben sämtlichen für das Spinnfischen verwendeten Kunstködern (→ Blinker, → Spinner, → Wobbler, → Twister usw.) auch → Köderfische am Spinnsystem bezeichnet.

SPINNRUTE
1,8 bis drei Meter lange → Wurfrute, die in Kombination mit einer → Stationär- oder → Multirolle zum → Spinnfischen mit → Kunstködern (→ Blinker, → Spinner usw.) eingesetzt wird. Leichte Spinnruten haben ein → Wurfgewicht von fünf bis zehn Gramm (fürs Angeln auf → Forellen und → Barsche), mittlere eines von 20 bis 60 (für → Hecht, → Zander oder → Meerforellen); schwere Spinnruten (mit Wurfgewichten von mehr als 60 Gramm) kommen meist beim Angeln auf → Welse zum Einsatz.

SPINNSTANGE
steifer Draht von in der Regel 25 bis 40 Zentimetern Länge mit → Wirbeln, und → Karabinern an seinem Ende, der statt eines → Stahlvorfachs beim Spinnfischen eingesetzt wird. Spinnstangen sollen ein Überschlagen des → Spinnköders bzw. ein Verheddern in der Schnur vermeiden, haben allerdings den Nachteil, den Lauf vieler Spinnköder (besonders → Wobbler) negativ zu beeinflussen.

SPINNSTOPP
Einholpause beim → Spinnfischen. Durch einen Spinnstopp verringert man das Tempo eines → Spinnköders.

EXTRA-TIPP
In viel befischten oder klaren Gewässern fangen Spinnköder in natürlichem Design (braun oder silbern) besser als poppig bunte. Dies gilt auch am Abend.

Sinkende Köder (→ Blinker, → Spinner) fallen so aus dem Gesichtsfeld der → Raubfische, schwimmende (→ Wobbler, → Popper) steigen auf. Oft erfolgen Bisse, wenn man nach einem Spinnstopp wieder mit dem Einkurbeln beginnt.

STAHLVORFACH
aus dünnem Metalldraht gefertigtes → Vorfach zum Fang scharf bezahnter → Raubfische. Zum Angeln auf → Hechte ist ein Stahlvorfach nach wie vor das Nonplusultra und sollte beim → Spinnfischen mindestens 50 und beim → Ansitzangeln mindestens 70 Zentimeter lang sein.

STATIONÄRROLLE
die in Mitteleuropa meist verwendete → Rolle. Außer zum → Fliegenfischen und zum → Big Game Fishing, kann sie bei allen Formen der Angelei verwendet werden. Die charakteristischen Merkmale einer Stationärrolle sind ihre feststehende Schnurtrommel, auf welche die Schnur mittels eines Schnurfangbügels aufgewickelt wird und für den Wurf entsprechend freigegeben werden kann. Beim Angeln sitzt die Rolle – anders als Multirollen – an der Unterseite des Rutengriffs. Für den Drill haben Stationärrollen ein Bremsscheibensystem, mit dem der Zug auf die Schnurtrommel reguliert werden kann.

Dieser Aal biss auf eine Grundmontage mit Stehaufmännchen.

STICK-BAIT
länglicher, schlanker und schaufelloser → Wobbler, der hauptsächlich zum → Spinnfischen im oberflächennahen Wasser verwendet wird.

STECKRUTE
zweiteilige (selten drei oder mehrteilige) Angelrute, die mittels Einsteck-Übersteck- oder Zapfenverbindung zusammengesteckt wird. Steckruten haben gegenüber zusammenschiebbaren → Teleskopruten den Vorteil einer besseren → Aktion, sie sind in der Regel stabiler und haltbarer. Allerdings müssen sie zum Transport besonders geschützt werden. Man transportiert sie am besten in festen Kunststoffrohren.

STEHAUFMÄNNCHEN
mit einem Auftriebskörper versehenes → Grundblei, das sich am Gewässerboden aufrichtet und besonders über schlammigem Grund eingesetzt wird, weil es darin nicht versinkt. Mit einem Kunststoffschlauch überzogene Stehaufmännchen nennt man Tiroler-Hölzle.

Moderne Stippruten aus Kohlefaserverbundwerkstoffen sind trotz ihrer enormen Länge ultraleicht.

STIPPEN

(Stippangeln), Angelmethode zum Fang von kleineren → Friedfischen (meist → Brassen und → Rotaugen). Beim Stippen werden sehr lange Ruten (→ Stippruten) mit sehr dünner → monofiler Schnur (häufig unter 0,15 Millimeter) und leichtem → Schwimmer (Posen) verwendet. Der Begriff Stippen bedeutet eintauchen bzw. eintunken, was verdeutlicht, dass bei dieser Angelmethode nicht weit ausgeworfen wird.

STIPPRUTE

zwischen drei und bis zu 12 Meter lange, beringte oder unberingte → Teleskoprute zum Angeln mit → Teig, → Maden, → Castern oder → Würmern auf → Friedfische. Es gibt sowohl beringte als auch unberingte Stippruten (→ Kopfrute). Bei beringten Ruten wird eine Rolle verwendet, die jedoch nur als Schnurreservoir für den Drill größerer Fische dient und nicht zum Auswerfen gedacht ist.

STOPPER

Stoppvorrichtung auf der → Hauptschnur, um → Laufposen (Laufschwimmer) in der gewünschten Tiefe zu halten oder Bleie bei → Festbleimontagen zu stoppen. Stopper werden auf die Schnur geknotet und sind meist aus Wollgarn, Gummi oder anderen weichen Kunststoffen.

STREAMER

große, sinkende → Fliege (Kunstfliege), die als → Nassfliege ein Fischchen imitiert und beim → Fliegenfischen auf große → Forellen, aber auch zum Fang von anderen → Raubfischen eingesetzt wird. Streamer werden mit zupfenden Bewegungen eingeholt und deshalb mitunter auch die → Spinnköder der Fliegenfischer genannt.

STREETFISHING

ein um die Jahrtausendwende in europäischen Großstädten entstandener Trend, bei dem Spinnfischer ausschließlich innerstädtische Gewässer (meist Kanäle und Hafenanlagen) befischen und sich dabei entweder mit öffentlichen Verkehrsmitteln oder mit Fahrrädern von einer Angelstelle zur anderen begeben (englisch: Street = Straße und Fishing = Angeln).

Dieser Angler nimmt den Begriff Streetfishing sehr wörtlich.

Gummifisch auf einem System

STURMPOSE
→ Schwimmer (Pose) mit sehr langer und extrem dünner Antennenspitze, der so austariert wird, dass nur seine äußerste Spitze aus dem Wasser schaut. Sturmposen bieten starkem Wind keine bzw. eine geringe Angriffsfläche.

SUSPENDER
Wobbler, der bei einem → Spinnstopp weder aufsteigt, noch absinkt und für einige Sekunden im Wasser steht. Suspender gelten als besonders fängig, weil sie länger im Gesichtsfeld der → Raubfische verweilen ohne dabei geführt bzw. eingeholt werden zu müssen (englisch: suspender = Halter, Aufhänger).

SWEETER
stark konzentrierter Süßstoff in flüssiger oder pulverisierter Form, der zur Aromatisierung von → Grundfutter, → Teig und → Boilies verwendet wird. Herkömmlicher Süßstoff (z. B. Natreen) ersetzt Sweeter nicht (englisch: Sweeter = Süßstoff).

SYSTEM
(Köderfischsystem), mit Haken versehene Metallkonstruktion zur Aufnahme von → Köderfischen. Systeme werden wie → Kunstköder (→ Blinker, → Wobbler etc.) zum → Spinnfischen und → Schleppangeln verwendet. Sind keine Köderfische zur Hand, kann man Systeme auch mit → Gummifischen bestücken.

T

TACKLE
neumodische und aus dem Englischen übernommene Kurzbezeichnung für die komplette Angelausrüstung. (englisch: tackle = Ausrüstung bzw. korrekt fishing tackle = Angelausrüstung). Ältere Angler benutzen den Ausdruck „Zeug".

Ob man zum erfolgreichen Angeln so viel Tackle benötigt, wie der Fänger dieses Welses, muss jeder Sportfischer selbst entscheiden.

TASMANISCHER TEUFEL

(Tasmanian Devil), ein aus Australien stammender Kunstköder, der wegen seiner lebhaften → Aktion keiner besonderen Führung bedarf und sich in Europa zum → Spinnfischen und → Schleppangeln auf → Forellen und → Rapfen hervorragend bewährt hat.

TAUWURM

der größte unter den einheimischen → Regenwürmern. Die bis zu 20 Zentimeter langen Tauwürmer eignen sich hervorragend als Köder beim → Grundangeln auf → Friedfische, → Aale, → Barsche und → Forellen. Sie werden entweder auf den → Wurmhaken gesteckt oder mit der → Wurmnadel aufs → Vorfach gezogen.

TEIG

Köder zum Fang von → Friedfischen. Teig wird aus Paniermehl, → Flavours und Wasser unter beständigem Kneten hergestellt. Entscheidend ist, dass man ihn weder zu hart noch zu weich knetet. Teig hält am besten am Haken, wenn er die Festigkeit von frischem Fensterkitt hat.

TELESKOPRUTE

zusammenschiebbare Angelrute, die aus mehreren Teilen besteht und sich leicht transportieren lässt. Teleskopruten sind bei Flugreisenden und Anhängern des → Streetfishing sehr beliebt, haben jedoch gegenüber → Steckruten den entscheidenden Nachteil einer wesentlich schlechteren → Aktion, also ein schlechteres Biegeverhalten.

TENKARA

eine traditionelle japanische Form des Fliegenfischens ohne Rolle. Moderne Tenkararuten ähneln →

Tenkara-Angler am Bach

Twister in verschiedenen Farben

Kopfruten, an deren sensibler Spitze eine dehnungsfreie Spezialschnur befestigt wird. Ans andere Schnurende kommt ein → Fliegenvorfach mit einer → Kunstfliege. In Deutschland wird Tenkara an kleinen Fließgewässern ausgeübt.

TEXAS-RIG

→ Montage zum grundnahen → Spinnfischen auf Barsche. Dabei wird ein → Bullet-Weight gefolgt von einer → Glasperle auf die Hauptschnur gezogen und anschließend ein Einzelhaken angeknüpft. Beködert wird der Haken mit einem → Tauwurm oder einem → Gummiköder.

TIGERNUSS

Hülsenfrucht, die auch unter dem Namen Erdmandel im Handel ist. Tigernüsse sind sehr gute Köder zum Fang von → Karpfen, müssen vor dem Angeln allerdings zwei Tage in Wasser eingeweicht und anschließend eine Stunde lang gekocht werden. Angeködert werden sie an der → Haarmontage.

TWISTER

→ Spinnköder aus Weichplastik von wurmförmiger Gestalt, dessen Schwanz verbreitert und sichelförmig geformt ist. Er ist ein klassischer Reizköder und eignet sich zum Fang fast aller → Raubfischarten. Twister werden an → Bleiköpfen angeboten und in Grundnähe geführt → Twistern.

TWISTERN

spezielle Form des → Spinnfischens mit einem → Twister oder → Shad. Dabei wird der Köder bis auf den Gewässergrund abgelassen und anschließend langsam mit hebenden und senkenden Bewegungen der Rutenspitze eingeholt, sodass der Twister in kleinen Sprüngen über den Grund hüpft.Das Twistern zählt heute – besonders an großen Flüssen – zu den beliebtesten Angelmethoden.

TWITCHBAIT

ein (oft schaufelloser) → Wobbler oder → Stick-Bait, der mit zuckenden bzw. reißenden Bewegungen geführt wird (englisch: twitch = reißen). Die besonders bei jungen Anglern beliebte Angelmethode wird Twitchen genannt.

TWITCHEN

eine Methode des → Spinnfischens, bei welcher der → Spinnköder (meist ein → Wobbler) durch Schläge mittels der Rutenspitze bewegt wird (englisch: twitch = zupfen, reißen). Die dazu passenden Wobbler werden → Twitchbaits genannt. Anders als beim Fischen mit → Jerkbaits werden beim Twitchen die Schläge sanfter ausgeführt.

Oft reicht schon ein kleiner Zander zur Versüßung eines Angeltages.

U

Unterfangkescher sollten zur bequemen Landung eines Fisches möglichst groß gewählt werden.

UFERSCHLEPPEN

eine Methode des → Spinnfischens an Kanälen und langsam fließenden Gewässern, bei der man, statt zu werfen, als „Spaziergänger" einen → Spinnköder entlang des Ufers zieht und so ohne Unterbrechung weite Strecken nach → Raubfischen absuchen kann. Besonders an Spundwänden ist Uferschleppen eine gute Angelmethode.

UNTERFANGKESCHER

Keschernetz an einem Stiel zum sicheren und schonenden → Landen eines nach dem → Drill ermüdeten Fisches. Beim Einsatz des Unterfangkeschers (keschern genannt) ist darauf zu achten, dass der gehakte Fisch vorsichtig mit dem Kopf voran über das Netz geführt wird.

V

VERBLINKERT
Man bezeichnet ein Gewässer als verblinkert, wenn in ihm die → Raubfische aufgrund zu hohen → Angeldrucks mittels → Blinkern und → Spinnern auf diese nur noch schlecht oder gar nicht mehr beißen. Zuweilen bringen dort dann → Wobbler die erwünschten Bisse.

VERTIKALANGELN
→ Pilken im Süßwasser

VERTIKALKÖDER
leichte → Pilker, die man beim grundnahen → Spinnfischen im Süßwasser einsetzt. Neben leichten Pilkern gibt es zahlreiche Modelle in unterschiedlichen Formen, die zumeist hebend und senkend vom Boot oder von Steganlagen und Brücken aus angeboten werden. Sehr beliebte Vertikalköder sind sog. Blattpilker.

VERSORGEN
Töten und Säubern der Beute.

Blattpilker zählen zu den beliebtesten Vertikalködern.

Eine mittels Fischtöter und Messer waidmännisch versorgte Regenbogenforelle.

CHECKLISTE FEEDERN
Was man auf keinen Fall daheim vergessen sollte: Feederrute, Stationärrolle (gefüllt mit 0,20 bis 0,30 monofiler Schnur), Futterkörbchen, Stopper, Anti-Tangle-Röhrchen, Karabinerwirbel, Vorfachhaken (Größe 8 bis 16), Grundfutter, Maden, Rutenhalter, Unterfangkescher und Sitzgelegenheit.

VERTIKALWOBBLER

→ Wobbler mit am Rücken angebrachter Öse, der sowohl zum → Vertikalangeln als auch zum → Spinnfischen verwendet werden kann.

VERLUDERN

Entkommt ein Fisch mit Haken und stirbt, spricht man vom Verludern des Fisches.

VORFACH

auch Vorschnur genannt, ist die Verbindung zwischen Haken und → Hauptschnur. Vorfächer gibt es in verschiedenen Materialien. Für → Raubfische verwendet man z. B. → Stahlvorfächer. Vorfächer müssen stets eine geringere Tragkraft als die Hauptschnur haben, damit im Falle einer Überlastung nur wenige Zentimeter Schnur abreißen und der mit

Barsche zählen zu den „dankbarsten Abnehmern" von Spinnködern.

Haken abgekommene Fische, eine bessere Überlebenschance hat.

VORFACHHAKEN

bereits an → Vorfächer gebundene Haken, die es im Fachhandel in vielen Größen gibt. Sie werden besonders von Einsteigern in den Angelsport gekauft, aber auch von vielen Anglern, die keine geschickten Knotenbinder sind.

VORFÜTTERN

mehrtägiges → Anfüttern einer Angelstelle, ohne sie schon zu befischen. Meist werden beim Vorfüttern → Boilies und → Partikelköder ausgebracht, um → Karpfen an eine Angelstelle zu locken.

VORGEBLEITE SCHWIMMER

(Vorbebleiung) bereits vom Hersteller mit in den Posenkörper integrierten Gewichten versehene → Schwimmer (Posen), die vom Angler nicht mehr mit → Bleischroten austariert werden müssen.

VORSCHALTKOPF

mit einem Karabiner versehenes (meist rundes) Blei, das vor einen Spinnköder oder ein System geschaltet wird, um in tieferen Wasserschichten bzw. in starker Strömung fischen zu können. Manche Köder (z. B. Bleikopfspinner oder Drachkovitch-Systeme) sind bereits vom Hersteller mit Vorschaltköpfen versehen.

W

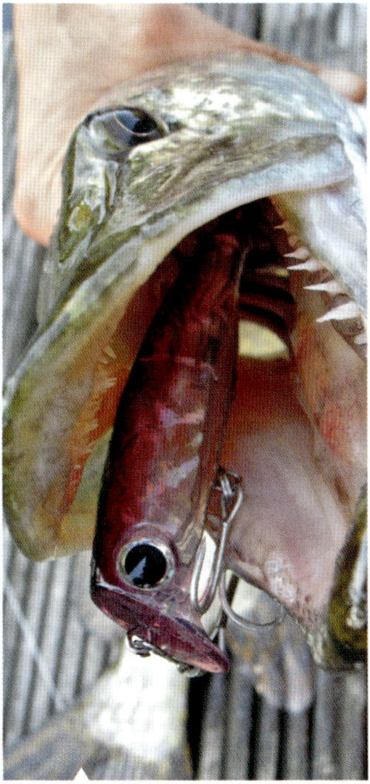

Schluckt ein Fisch den Köder so tief, wie dieser Hecht den Wobbler, erfordert die Waidgerechtigkeit das sofortige Töten des Fisches.

WAGGLER

ein → Schwimmer, der nur am unteren Ende auf der → Hauptschnur fixiert wird und der vor allem beim Angeln mit der → Matchrute an stehenden Gewässern verwendet wird. Waggler sind häufig vorgebleit und erlauben weite Würfe. Ihr wesentlicher Vorteil liegt jedoch darin, dass die ausgeworfene Schnur unter Wasser gezogen werden kann und so nicht mehr von Wellen erfasst wird.

WAIDGERECHTIGKEIT

ein aus der Jägersprache entlehnter Begriff, der den fairen Umgang mit dem Lebewesen Fisch umschreibt. Waidgerechte Angler wählen z. B. dickere Angelschnüre, um den Verlust eines Fisches mitsamt Haken zu vermeiden, und verzichten so bewusst auf mehr Bisse. Auch → landen sie kleine Fische mit dem → Unterfangkescher, statt sie einfach aus dem Wasser zu heben.

WALLERGRIFF

Technik zu → Handlandung von → Welsen (Wallern). Beim Wallergriff wird der Daumen in die Innenseite des Unterkiefers geführt, während

Wer den Wallergriff beherrscht, kann auch kapitale Waller problemlos landen.

die übrigen vier Finger die Außenseite fest umschließen. Zwar gilt diese Form des → Landens als die schonendste, sollte jedoch nur mit einer behandschuhten Hand und von erfahrenen Anglern ausgeführt werden.

WALLERHOLZ

aus Holz geschnitztes Klopfgerät, an dessen unterem Ende sich eine tellerförmige Platte befindet, mit der man rhythmisch auf die Wasseroberfläche klopft, wobei Töne entstehen, die von → Welsen (Wallern) mittels der Seitenlinie wahrgenommen werden. Zum Einsatz kommen die Hölzer meist beim Bootsangeln mit Posenmontagen nahe der Wasseroberfläche.

Der Umgang mit Wallerhölzern bedarf einer gewissen Übung.

WASSERGEIST

vollkommen durchsichtiger → Sbirolino (Bombarde), der in sehr klarem Wasser und an vielen befischten Gewässern zum Einsatz kommt, um möglichst wenig Scheuchwirkung auf Fische auszuüben.

WASSERKUGEL

(Buldo), eine hohle (oft durchsichtige) Kugel aus sehr leichtem Kunststoff, die mit Wasser gefüllt werden kann und als → Schwimmer oder → Laufschwimmer eingesetzt wird. Mit Wasser gefüllte Buldos haben ein hohes Eigengewicht und ersetzen daher eine Bebleiung des Schwimmers mit → Bleischroten. Sie werden heute oft an Forellenteichen verwendet.

WATTWURM

ein sehr beliebter Köder zum Fang von Plattfischen und Dorschen beim Brandungsangeln oder beim Fischen vom Boot bzw. Kutter aus. Wattwürmer können entweder bei Ebbe im Watt ausgegraben oder in Angelfachgeschäften an der Nordseeküste gekauft werden. Wichtig ist es, die bis zu 35 cm langen Würmer bzw. Stücke von ihnen mit einer → Wurmnadel aufzuziehen.

WEISSFISCH

Sammelbezeichnung für alle → Cypriniden mit silbernem Schuppenkleid (→ Brassen, → Rotaugen, → Rotfedern etc.).

Wallerholz

Wasserkugel

WELS

auch Waller genannt, ist der mit Abstand größte Fisch in europäischen Gewässern. Als Raubfisch entwickelt er einen gehörigen Appetit, lässt sich aber trotzdem nur sehr schwer fangen. Welse sind mit feinsten Sinnesorganen ausgestattet, die jede irritierende und laute Bewegung am Ufer registrieren, was sie zu äußerst scheuen Fischen macht. Besondere Kennzeichen: Langer, schlanker Körper, Rücken schwarz, Seiten marmoriert, zwei sehr lange Bartfäden am Oberkiefer, vier kürzere auf der Kopfunterseite. Im Durchschnitt sind Welse einen Meter lang, kapitale Exemplare erreichen bis zu drei Meter und werden 150 Kilo schwer. Fangplätze: Die nachtaktiven Fische halten sich während des Tages in ihren Verstecken auf (in Flüssen meist an der Strömungskante der Buhnenfelder, in Seen unter versunkenen Bäumen oder Seerosenfeldern). Nachts kommen sie zum Fressen ins flache Wasser. Welse werden zumeist beim → Ansitzangeln mit sehr starkem Gerät auf → Wurmbündel oder → Köderfische gefangen. Viele Spezialisten locken sie mit dem → Wallerholz an, andere Profis fangen sie auch beim Spinnfischen. Einsteiger sollten nicht ohne Begleitung auf Welse angeln.

Der Wels ist der größte Fisch in heimischen Gewässern.

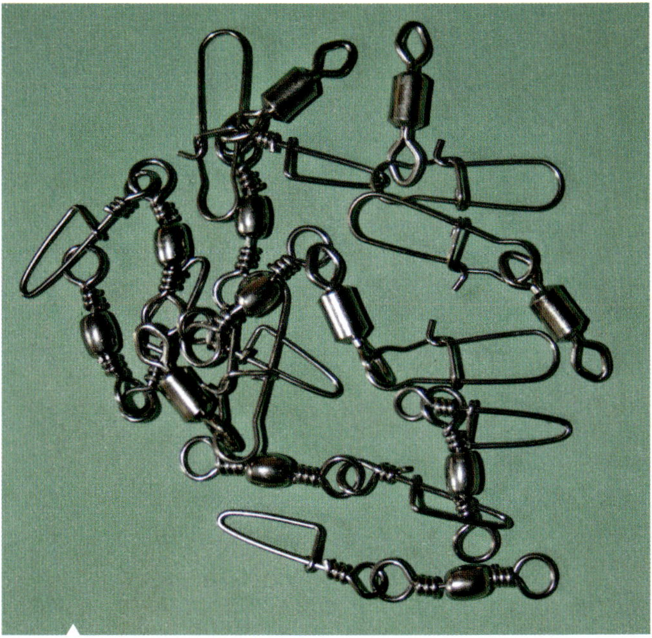

Unterschiedliche Wirbel

WICKELBLEI

dünnes und auf kleine Rollen gewickeltes Blei, das mit Schere oder Messer in passende Stückchen geschnitten und den benötigten Gegebenheiten (z. B. zum Austarieren eines → Schwimmers) angepasst werden kann. Wickelblei wird meist als „Notblei" verwendet, wenn keine passenden → Bleischrote oder → Grundbleie zur Hand sind.

WIDE-GAP-HAKEN

ein → Offset-Haken mit weitem Hakenbogen. Er dient zur Aufnahme von → Shads und kommt beim → Finesse-Angeln zum Einsatz (englisch: wide gab = weiter Abstand).

WIRBEL

aus Metall hergestelltes Verbindungsstück, das zwischen → Hauptschnur und → Vorfach bzw. → Kunstköder montiert wird. Wirbel verhindern das Verdrehen der Schnur. Gute Wirbel müssen nicht nur über eine vertrauenswürdige Tragkraftgarantie verfügen, sondern sich auch problemlos öffnen und schließen lassen, ohne dass dabei ihr → Karabiner ausleiert.

WOBBLER

→ Spinnköder aus Holz oder Kunststoff, den es in schwimmender und sinkender Ausführung gibt. Die Tauchschaufel an der Schnauze des

Wobbler

Wobblers bringt ihn beim Einholen nicht nur auf die gewünschte Tauchtiefe, sondern erzeugt auch Schwingungen, die von den → Raubfischen mit ihrer Seitenlinie wahrgenommen werden. Im Grunde gibt es nur zwei Grundformen: Kugelwobbler (sog. → Crankbaits) und längliche bzw. schlanke Typen (wie z.B. das Modell Rapala Original). Alle anderen Wobblertypen sind Abwandlungen dieser zwei Klassiker. Bei Wobblern ist es wichtig, auf die Qualität und Verarbeitung zu achten. Billige Plastikwobbler laufen schlecht und halten keinem Drill stand. Qualitätswobbler sind nicht nur hervorragend verarbeitet, sondern verfügen auch über tadellose Laufeigenschaften. Sehr gute Wobbler werden z. B. von den Firmen → Rapala, Alex, oder Nils Master hergestellt, und sind im Fachhandel leider alles andere als billig.

EXTRA-TIPP
Kleine Barsche sind hervorragende Köderfische zum Fang großer Artgenossen. Dies gilt auch für Spinnköder im Barschdesign.

WOLLHANDKRABBE

eine an einen Nordseekrebs erinnernde, ursprünglich aus Asien stammende Krabbenart mit wollbedeckten Scherenarmen. In vielen Flüssen sind Wollhandkrabben zur Plage geworden, da sie sich auf jeden am Grund angebotenen Naturköder stürzen. Wo man mit ihnen zu tun hat, sollte man den Grund meiden und mit Schwimmern fischen.

WURFGEWICHT

das zum Auswerfen eines Köders benötigte Gewicht. Bei → Spinnködern reicht zumeist deren Eigengewicht als Wurfgewicht aus, bei leichten Ködern (z. B. → Maden) muss das Wurfgewicht in Form von → Grundbleien oder → Bleischroten erreicht werden. Für welche Wurfgewichte eine Rute geeignet ist, steht auf der Angel (z. B. Wurfgewicht 5 bis 20 Gramm). Eine Sonderform stellt die → Fliegenschnur dar. Hier dient die dicke und schwere Schnur als Wurfgewicht für die leichte → Fliege.

WURFRUTE

eine alte Bezeichnung für → Spinnruten. Eigentlich sind alle Ruten (außer → Kopfruten) Wurfruten.

WURMBEFALL

Leiden Fische unter Würmern (z. B. Bandwürmern), äußert sich dies oft anhand roter Flecken. Zwar sind solche Fische genießbar, doch ist dieser Befund nicht gerade appetitlich.

WURMBÜNDEL

ein Knäuel von mehreren, auf einen Haken gesteckten → Würmern (meist → Tauwürmern). Wurmbündel werden meist bei gezieltem Angeln auf → Welse (Waller) eingesetzt und auf einem starken → Drilling angeboten. Kleinere Wurmbündel (bestehend aus Mist- oder Laubwürmern) kommen am → Einzelhaken auch beim

Anhand der Tauchschaufel lässt sich erkennen, ob ein Wobbler flach oder tief läuft. Je flacher die Stellung einer Tauchschaufel ist, desto tiefer taucht der Wobbler. Links ein Tiefläufer und rechts ein Flachläufer.

Angeln auf → Friedfische zum Einsatz.

WURMFIT

ein im Gerätehandel erhältliches „Futter", das als Zugabe zum Erdreich in der Wurmkiste dient. Wurmfit ist besonders in heißen und trockenen Sommern ein gutes Mittel, um Würmer länger am Leben zu halten. Als Ersatz können auch die erkalteten Rückstände aus dem Kaffeefilter verwendet werden.

WURMHAKEN

speziell für das Angeln mit → Würmern entwickelter Angelhaken, der zwei (zuweilen auch drei) kleine Widerhaken auf dem Hakenschenkel trägt, die den Wurm sicherer auf dem Haken halten.

WURMKISTE

ein Behältnis zur Aufbewahrung lebender Würmer. Wurmkisten sind zumeist aus Holz und halten das in ihnen befindliche Erdreich feucht und kühl. Sie kommen auf längeren Angeltouren zum Einsatz, wenn keine Kühlmöglichkeiten (Kühlschränke) zur Verfügung stehen.

WURMKÖDER

die wohl klassischsten aller Köder sind Würmer. Neben den großen Wurmarten (→ Tauwurm und → Dendrobena) sind es die viel kleineren (nur bis zu zehn Zentimeter langen) und dünneren Laub-, Mist- und Rotwürmer, die häufig beim Angeln auf → Weißfische, → Barsche und → Forellen verwendet werden.

EXTRA-TIPP
Im Frühjahr fängt man mit kleinen Würmern (z.B. Rotwürmern) deutlich besser als mit Tauwürmern.

WURMNADEL

15 bis 20 cm lange Auffädelnadel, mit deren Hilfe → Tau- und → Wattwürmer aufs → Vorfach gezogen werden.

WURMSCHERE

Schere mit (meist) drei hintereinander liegenden Klingen. Wurmscheren dienen dazu, lange Würmer (z. B. → Tauwürmer) in Stücke zu schneiden, um sie an kleinen Haken anzubieten und unter das → Grundfutter zu mengen. Besonders beim gezielten Angeln auf → Schleien sind sie gute Hilfsmittel zur Erstellung von gleichgroßen Wurmstückchen.

Z

ZANDER
im Schwarm lebender → Raubfisch. Kleinere und mittlere Exemplare werden in fließenden Gewässern zahlreich mit → Twistern und → Shads gefangen. In stehenden Gewässern sind Zander allerdings nicht leicht zu fangen. Besondere Kennzeichen: Blasse grau-grünliche Färbung mit schwarzen Querstreifen. Zwei Rü-

Zander beißen am besten in den ersten Stunden der Dunkelheit.

ckenflossen, wobei die vordere mit spitzen Stacheln besetzt ist. Das Maul ist mit spitzen Fangzähnen ausgestattet. Im Durchschnitt sind Zander 45 bis 60 Zentimeter lang, kapitale Exemplare bringen es auf über einen Meter und können 17 Kilo schwer werden. Fangplätze: In Seen bevorzugen Zander tagsüber die tiefen Stellen mit sandigem und kiesigem Untergrund. Nachts kommen sie zum Fressen in flachere Regionen. In Kanälen sind Fahrrinnen und Schleusenanlagen gute Zanderplätze. In Flüssen werden sie hauptsächlich in den Buhnenfeldern oder am Strömungsrand der Buhnen erbeutet. Zander beißen in den Stunden der Abend- und Morgendämmerung sehr gut; oft hält die Beißzeit bis Mitternacht an. Neben → Twistern und → Shads sind auch → Wobbler gute → Kunstköder. Beim Ansitzangeln werden Zander mit → kleinen Köderfischen und Fetzen gefangen.

Zander beißen bei Dunkelheit sehr gut auf Wobbler.

ZEUG
etwas veraltete, jedoch mitunter noch immer gebräuchliche Bezeichnung für das verwendete Angelgerät. Mit schwerem Zeug meint man z. B. das Gerät zum Angeln auf → Welse (Waller) mit leichtem Zeug bezeichnet man die Ausrüstung z. B. beim → Stippen.

ZIELFISCHART
(Zielfisch), → Fried- oder → Raubfischart, auf die man mittels des gewählten Köders oder der Angelmethode gezielt fischt. Umgangssprachlich bezeichnen Angler dieses Zielfischangeln als „auf etwas gehen", z. B. auf Hecht gehen oder auf Forelle gehen.

ZOCKER
kleinere Pilker zum → Vertikalangeln auf → Barsche und → Zander.

ZOPF
(Huchenzopf) → Spinnköder zum Fang von kapitalen → Forellen und Huchen in Fließgewässern. Ein Zopf besteht aus einer pilzförmigen Bleikappe, an der sich (ähnlich wie an einem → System) zwei Drillinge befinden. Zöpfe wurden früher mit Neunaugen beködert, heute werden Neunaugenimitationen aus Kunststoff bzw. mit Twistern an ihnen angeboten.

ZUGFISCHE
(Wanderfische), Fischarten (z. B. → Lachse) die jahreszeitlich bedingte Wanderungen unternehmen und nur

Geduld, wie hier auf einem Schild am Kanal gefordert, ist eine wichtige Anglertugend.

zu gewissen (Jahres-) Zeiten im Gewässer vorkommen.

ZUPFER

ein leichter und sehr vorsichtiger Biss, der beim Grundangeln noch nicht mit einem → Anhieb quittiert werden sollte. Beim → Spinnfischen werden vorsichtige Attacken auf einen Spinnköder als → Zupfer bezeichnet und führen in der Regel nicht zu einem wirklichen Biss bzw. zum Anhaken des Fisches.

ZWERGWELS

(Katzenwels) eine ursprünglich aus Nordamerika als Zierfisch für Aquarien nach Deutschland importierte kleinewüchsige Welsart, die heute in einigen fließenden und stehenden Gewässern verbreitet ist. Zwergwelse unterscheiden sich von einheimischen → Welsen (Wallern) in erster Linie durch ihre größere Anzahl an Barteln. Bei Wallern sind es sechs, bei Zwergwelsen acht.

ZWILLING

(Zwillingshaken), Doppelhaken zum Fang von → Raubfischen. Zwillinge kommen meist beim Angeln auf → Zander zum Einsatz, wenn ein → Köderfisch mit einer → Ködernadel aufgezogen wird (noch besser als Zwillinge funktionieren Ryderhaken).

HERZLICHEN DANK ...

Sage ich an dieser Stelle allen Freunden, die mich mit Ideen und Fotos für dieses Buch unterstützt haben.

Nenad Ignjatov (www.seftack.de)

Günter Sareyka, Fliegenfischerschule Ruhrgebiet (www.fliegenfischer-schule-ruhrgebiet.de)
Carolin Otto, Mülheim/Ruhr
Max Konze, Mannheim
Stefan Walterman, Greifswald
Michael Kluge, Bielefeld
Bernd Taller, Malsch
Cezary Felix Rybczynski, Neuss
Jürgen Jahn, Oberhausen

DER AUTOR

Markus Bötefür angelt seit seiner Kindheit. Er ist seit mehr als zwei Jahrzehnten als Angelsportjournalist und Buchautor tätig. Seine Artikel erscheinen regelmäßig in führenden Fachmagazinen.

ZUM WEITERLESEN

ANGELPRAXIS

Uli Beyer / Bertus Rozemeijer
Hecht – Jagd auf den Torpedofisch, 2014
Der Hecht ist Deutschlands Angelfisch Nr. 1! In diesem Buch sind die neuesten Erkenntnisse über die Angelei auf Hecht zusammengefasst.

Volker Dapoz
Norwegen – Angelreviere – Taktik – Tolle Fänge, 2014
Norwegen ist und bleibt das Traumrevier für Angler. Allein aus Deutschland reisen jährlich über 100000 Angler nach Norwegen. Volker Dapoz vermittelt alles Wissenswerte rund ums Angeln in der Traumkulisse.

Tobias Hoffmann
Angeln für Ahnungslose, 2016
Vom Wurmbader zum tollen Hecht! Forellenfang am kristallklaren Fluss, große Karpfen im See oder packende Drills am Meer – Angeln kann man überall. Für einen schnellen Start finden Einsteiger hier alle wichtigen Informationen: Von Ausrüstung bis Angeln mit dem Smartphone.

Matze Koch
Angeltipps für jede Technik, 2015
Matze Koch ist den meisten Anglern durch seine Filmbeiträge für die „Fisch & Fang" bekannt. Mit seiner unnachahmlich natürlichen Art hat er sich eine riesen Fangemeinde erschlossen. In seinem zweiten Buch erklärt er locker und verständlich seine Geheimnisse des Angelns.

Heinz Kersten / Ben Boden
Karpfen – Friedfisch-Giganten, 2013
Dieses Werk ist der aktuellste Ratgeber zum Thema. Die Autoren, beide erfahrene und erfolgreiche Karpfenangler, geben leicht nachvollziehbare Anleitungen für alle Bereiche des Karpfenangelns. Inklusive DVD!

Robert Langford
Boote für Angler, 2012
Längst ist es üblich, nicht nur am Ufer auf den Fisch zu warten, sondern ihm auch entgegenzukommen: auf einem Kutter, einem Faltboot, einem Schlauchboot ...
Es gibt eine Vielzahl von Booten und ein unüberschaubares Angebot an Equipment, das oft überfordert. Dieses Buch führt zielsicher durch den Materialdschungel. So erkennt jeder Angler selbst, welches Boot für ihn das richtige ist.

Robert Langford
Erfolgreich angeln in Norwegen, 2016
Kein Land der Welt lockt jährlich mehr Angler an als Norwegen. Norwegen-Experte Robert Langford zeigt Ihnen die Traumreviere für Angler und bereitet Sie in jeder Hinsicht auf Ihren Angelurlaub vor. Inklusive DVD.

Florian Läufer
Das große Kosmos Angelbuch, 2013
Ob Raubfisch, Friedfisch, Fliegenfischen oder Meeresangeln – ob mit Pose, Grundblei oder Pilker – dieses Buch deckt jeden Aspekt eines groß-

artigen Hobbys ab! 4 Millionen angelnde Menschen in Deutschland können sich auf ein topaktuelles Standardwerk zum Thema Angeln freuen.

Florian Läufer
Profitipps für Angler, 2013
Florian Läufer ist Angelprofi und Redakteur der Zeitschrift „Rute & Rolle". Aus seinem reichen Erfahrungsschatz hat er mit selbsterklärenden Fotos die besten Angeltipps zusammengestellt.

Jürgen Mattern
Praxishandbuch Gewässerwart, 2015
Fangmeldungen bearbeiten, Hegeplan erstellen, Fischtransporte organisieren – Die Aufgaben des Gewässerwartes sind vielfältig und anspruchsvoll. Dieses Standardwerk leitet Sie mit einfachen Erklärungen durch den Lehrgang zum Gewässerwart und begleitet anschließend die tägliche Arbeit am Vereinsgewässer.

Stefan Seuß
Waller – Giganten des Süßwassers, 2011
Der Waller ist wohl der Trendfisch Nr. 1 in ganz Europa. Einer der bekanntesten Angler in dieser Szene ist Stefan Seuß. Er arbeitet als Guide und Produktentwickler und ist bekannt für unglaublich viele Fänge oberhalb der Zwei-Meter-Marke. Jetzt gibt er sein Wissen preis!

BILDBÄNDE

Olivier Portrat
Wilde Wasser – Wilde Fische, 2010
Man spürt das Wasser auf die Haut klatschen, wenn man sich das Bild des 100-pfündigen Nilbarschs im Sprung ansieht. Man möchte einfach nur dabei sein, wenn der Blick auf den Sonnenuntergang an einem Amazonaszulauf fällt. Ein Bildband für Angler und Liebhaber exotischer Natur.

Christian Hoch / Markus Heine
Traumziele für Angler, 2012
Die beiden Fisch & Fang-Redakteure haben in der ganzen Welt beeindruckende Reviere beangelt. Hierbei sind einzigartige Aufnahmen und spannende Geschichten entstanden.